Gerd B. Achenbach

Lebenskönnerschaft

HERDER spektrum

Band 5123

Das Buch

Wie führe ich mein Leben, damit es sinnvoll und lebenswert ist? Was bringt mein Leben in Form und Fassung? Was ist ein Leben, das gelungen und gut heißen darf und verdient, „glücklich" genannt zu werden? Durch solche Fragen wird Philosophieren geerdet.

Viele sprechen in diesem Zusammenhang von „Lebenskunst" – Gerd B. Achenbach spricht von Lebenskönnerschaft: Der Lebenskünstler versteht zwar, locker, leicht und unbeschwert zu leben, doch worauf es ankommt sind die existentiellen Herausforderungen, die Bereitschaft, Konflikte auszutragen, und das solide Wissen, was wirklich wichtig ist. Dem Könner des Lebens wird der „Lebenslauf" zum „Lebensweg". Er macht aus seinem Leben kein Kunststück, er meistert es.

Der Autor

Gerd B. Achenbach gründete 1981 die weltweit erste Philosophische Praxis und ist Vorstandsvorsitzender und Lehrpraktiker der Internationalen Gesellschaft für Philosophische Praxis mit Sitz in Bergisch Gladbach sowie Leiter der Lehrplankommission der Lessing-Hochschule zu Meran. Bei Herder Spektrum: Das kleine Buch der inneren Ruhe (Bd. 4972).

Gerd B. Achenbach

Lebenskönnerschaft

Herder

Freiburg · Basel · Wien

Den Freunden der Freitag-Vorträge
und des Studienkurses Philosophie
in Bergisch Gladbach gewidmet

Gedruckt auf umweltfreundlichem,
chlorfrei gebleichtem Papier

Originalausgabe

Alle Rechte vorbehalten – Printed in Germany
© Verlag Herder Freiburg im Breisgau 2001
Satz: Barbara Herrmann, Freiburg
Druck und Bindung: Freiburger Graphische Betriebe 2001
Umschlaggestaltung und Konzeption:
R·M·E München / Roland Eschlbeck, Liana Tuchel
Umschlagmotiv: © Tony Stone
Autorenfoto: © Uwe Völkner/FOX
ISBN 3-451-05123-0

Inhalt

    Bin ich denn ein „Lebenskönner"? ● Wann einer zur
Weisheit gelangt, wenn überhaupt ● Wir sind alle „Kinder
unserer Zeit" ● Und „die Zeit" will nichts von Weisheit
wissen ● Besonnenheit ● Das philosophische Naivitäts-
verbot ● Das heikle Geschäft der Philosophie: sie verärgert
● „Wir haben alle unsere Philosophien ..." ● Lebens-
könnerschaft hieß einmal Tugend ● Um die Tugend steht
es schlecht ● Gegenstimmen ● Reiz des „Unzeitgemäßen"
● Es geht nicht um Worte ● Was strahlt, steht im Verdacht
● Der Mensch: das aufgerichtete und stolze Wesen ● Wir
aber sind Spätlinge ● Halb-Halbes und falsche Mitte ●
Ankunft Zarathustras ● Nietzsche: „Der letzte Mensch" ●
Lob des 19. Jahrhunderts ● Erinnerung an Aristoteles ●
Nicht gut, nicht böse, irgendwas dazwischen ● Kierke-
gaards Scharfblick ● Aus der Philosophischen Praxis ●
Superbia, Luxuria, Ira und die anderen ● Lebensdilettan-
ten, Nichtkönner, Versager und andere ● Intermezzo ●
W. Busch: „Leider" ● „Die Bewegungen nach dem Verfall
zu ..." ● Der Mensch kannte sich zweifach, das war sein
Stolz ● Der Mensch, der mit sich einig ist: der „letzte
Mensch" ● Schlaf der Tugend; oder ist sie entschlafen? ●
Philosophie ist zur Lebensbemeisterung nicht „verwend-
bar" ● Lebensratgeber: Der wohlige Betrug ● Dagegen
eine bittere, aber heilsame Wahrheit ● Nicht „Krethi und
Plethi" sind das Problem ● Meister Goethe ● Empfehlung,
zunächst den „Anhang" zu lesen

für sich selbst und das Falsche ● Die gelebte Wahrheit heißt Weisheit ● Bestirnter Himmel über uns ● Größe des Menschen ● Goethe und Nietzsche als Zeugen ● Weise ist, die Weisheit zu lieben ● Konfuzius über den Edlen und den Gemeinen

Die Idee der Lebenskunst ist das *Glück;*
Lebenskönnerschaft bewährt sich darin,
des Glückes *würdig zu sein.*
Der Lebenskünstler *gestaltet* sein Leben,
der Lebenskönner *bewährt sich.*
Der Lebenskünstler *setzt sich durch,*
der Lebenskönner *steht ein* für das, was recht ist.
Der Lebenskünstler ist *beweglich,*
der Lebenskönner *aufrecht.*
Der Lebenskünstler *gibt* seinem Leben einen *Sinn,*
der Lebenskönner *erfüllt* ihn.
Lebenskunst sucht den *Genuß* des Lebens;
Lebenskönnerschaft hingegen sucht vom falschen, faden,
auch fadenscheinigen Leben *zu genesen.*
Weiß jener, *aus der Not eine Tugend* zu machen,
bewährt dieser *die Tugend in der Not.*
Lebenskunst flieht den *Schatten* und sucht das *Licht;*
Lebenskönnerschaft flieht das *Zwielicht,*
sucht *Licht und Schatten.*
Gibt der Lebenskünstler auf die Frage des Lebens eine
Antwort, sucht der Lebenskönner die *Frage,*
deren Antwort das Leben ist.

Vivere vis: scis enim?
Leben willst du? Verstehst du das denn?

Seneca

Lebenskönnerschaft
Ein langer Brief anstelle eines kleinen Buches

Ihr Lieben, verzeiht, ich kann dies Buch nicht schreiben. Nicht jetzt jedenfalls. Noch nicht zumindest. Glaubt mir: Ich habe Wochen, ich habe Monate damit verbracht, Kapitel an Kapitel zu fügen, schöne, seriöse, anständige, buchwerte Texte, literarisch ambitioniert – denn jede trockene, unmusikalische, literaturfremde Philosophie ist mir zuwider –, ich habe anspruchsvoll geschrieben, mir selber einen Maßstab gesetzt, mit Bedacht komponiert usw. Und nun habe ich den Stoß computerbedruckten Papiers kurzerhand beiseite gelegt. Amen. Das war's. Und Ihr? Erwartet bitte nicht von mir, daß ich Euch erkläre, wie und warum und unter welchen Umständen es zu diesem Abbruch kam. Wollte ich ordentlich davon Rechenschaft ablegen, geriete mir dieses Unterfangen umfangreicher als das gesamte Buch, von dem ich hiermit schlicht und aufrichtig gestehe: Ich vermag es nicht, ich vermag's *noch* nicht zumindest.

Was für ein Leichtsinn, „Lebenskönnerschaft" als Titel anzukündigen! War nicht abzusehen, daß ich angesichts eines solchen Vorhabens mit mir selbst in Zweifel geraten mußte? Bin *ich* denn ein „Lebenskönner"? Natürlich hatte ich klarstellen wollen, daß die großen, guten, unverzichtbaren Themen solche sind, die uns alle mehr oder weniger gleichermaßen überfordern, die uns weder schmeicheln noch über unsere tatsächliche Verfassung betrügen, ja, daß gerade jene Themen

11

philosophisch reizvoll sind, die es uns nicht länger gestatten, uns über uns selbst zu täuschen, die uns also Klarheit über uns selbst verschaffen, darüber, daß es nicht allzu weit her ist mit uns, daß wir lächerliche Anfänger sind (ein Leben lang), getarnte Dilettanten, zurechtgemachte Lebensstümper, daß wir träge sind, in den Tagen hängen, abgelenkt, süchtig danach, von uns selber loszukommen, uns aus dem Weg zu gehen oder einen Bogen um uns zu machen.

Der gute alte Kant hat's gewußt und sich mit traurig schönen Worten eingestanden: Was die *Geschicklichkeit* betreffe, die wir benötigen, um im Leben zurechtzukommen, so gelange der Mensch in der Regel etwa im zwanzigsten Lebensjahre dazu; soweit es um *Klugheit* gehe – die für Kant die Fähigkeit einschließt, mit anderen Menschen zu eigenem Vorteil recht umzugehen –, so komme der Mensch, wenn es gut geht, etwa im vierzigsten Lebensjahre dazu; aber die *Weisheit*, von der er meint, sie sei der letzten Epoche unseres Lebens vorbehalten, und von der er sagt, sie sei eigentlich „mehr *negativ*", insofern es ihr vorbehalten sei, „alle Torheiten der beiden ersteren einzusehen" – die Weisheit also werde, wenn überhaupt, erst so spät im Leben erreicht, daß man ausrufen möchte: „es ist schade, alsdann sterben zu müssen, wenn man nun allererst gelernt hat, wie man recht gut hätte leben sollen." Und er fügt an: „selbst dieses Urteil [ist] noch selten" – mit andern Worten: Wer kommt schon zu dieser Einsicht?

Und ich – wie ich hoffe: noch nicht in jener „letzten Epoche" angelangt ... – sollte mich getrauen, in einem Buch solide Erprobtes und lebenserfahren Bewährtes zur Weisheit zu präsentieren?

Wirklich geht es ja, wenn von „Lebenskönnerschaft" die Rede sein soll, um nicht weniger als um Weisheit, also im Sinne Kants um das erworbene Vermögen, recht zu leben.

Läßt sich ein anspruchsvolleres Programm denken? Ist es nicht *zu* anspruchsvoll?

Da ist ja nicht nur das Alter, das zwar – nach schöner alter Unterscheidung, wie sie die Philosophen lieben – eine *nötige*, keineswegs jedoch schon *hinreichende* Bedingung der Weisheit ist. Wäre es nicht sogar komisch, wollten wir einen Jugendlichen einen „Weisen" nennen? Andererseits hat mancher schon seine sechzig Mal unter dem Weihnachtsbaum gesessen, und hinter den Falten steckt noch immer ein Kindskopf.

Nein, es kommt hinzu, daß unsere Zeit, die Moderne überhaupt, der Weisheit nicht günstig ist. Und wer wollte von sich behaupten (er mag noch so viel über die modernen Zeiten wettern und sich darin gefallen, Einwände zu machen), er sei kein Zeitgenosse, ihn gehe die Welt nichts an, er sei gewissermaßen unbefleckt von ihr geblieben?

So sehr es weh tun und kränken mag, Hegel hatte mit seinem Diktum recht: „Was das Individuum betrifft, so ist ohnehin jedes ein *Sohn seiner Zeit*" – was für den Philosophen nicht weniger gelte; mit der einen Ausnahme vielleicht, daß es das besondere Amt des Philosophen sei, seine Zeit „in Gedanken zu erfassen", also den Versuch zu unternehmen, das, was geschieht, was uns modelt und prägt, zumindest zu *begreifen*.

Und soviel also habe ich begriffen: Der Weisheit – und damit jeder Lebenskönnerschaft – ist die Gegenwart nicht günstig. Was in Ansehen steht, ist durchweg strikt das Gegenteil. An die Stelle des weisen, ruhig-besonnenen Alten ist der dynamisch-flexible, umstellungsfreudig-agile, unternehmungslustige Junge getreten, der rasche, schnell entschlossene Typ, der findige Bursche, der clevere, gescheite, vielfältig verwendbare Lebens-Virtuose, der sich nicht damit aufhält, lange über die Verhältnisse nachzudenken, der sie vielmehr nimmt, wie sie sind, und seinen Vorteil daraus zieht.

Doch die Menschen sind, wie sie sind, nicht nur, weil sie gern so wären, sondern sie geben sich die Form, in der man sie braucht. Und „gebraucht wird ein geländegängiges Individuum, das sich schnell neuen Gegebenheiten anpassen kann und gerade nicht auf festen Wertekontinenten sitzt" (Reimer Gronemeyer).

Ergo: „Die kapitalistische Dynamik gibt der Weisheit überhaupt keinen Auftrag, es sei denn diesen, dem Senior im Ruhestand ein schönes Air zu geben." Zumal Ruhe veralte: „gerade das höchste bürgerliche Gut – Kapital – duldet und enthält sie nicht" (E. Bloch).

So ist es wohl. Und Nachdenklichkeit ist gleichfalls nicht gefragt. Den haltlos Modernen riecht sie nach Betulichkeit. Und Besonnenheit? Gilt die nicht ebenfalls als „irgendwie veraltet"? Die haben die Pfiffigen und Schnellen im Verdacht, sie störe den Betrieb, mache Pause und nicht voran. Besonnenheit, das klingt den Machern und Betreibern wie Lehnstuhl in der Ecke oder Plätzchen hinterm Ofen, und sie schmunzeln.

Ich rücke einmal einen kleinen Textabschnitt von Schopenhauer ein, der in einem ordentlichen Werk zur Lebenskönnerschaft nicht fehlen dürfte. Und dann urteil selbst, ob das noch „in unsere Zeit paßt" – wobei wir allerdings fürs erste offenlassen sollten, ob solche Unzugehörigkeit zur Zeit gegen das Unzugehörige oder gegen „die Zeit" spricht, die dann ihrerseits „ungehörig" wäre …

„Um mit vollkommener *Besonnenheit* zu leben und aus der eigenen Erfahrung alle Belehrung, die sie enthält, herauszuziehn, ist erfordert, daß man oft zurückdenke und was man erlebt, getan, erfahren und dabei empfunden hat rekapituliere, auch sein ehemaliges Urteil mit seinem gegenwärtigen, seinen Vorsatz und Streben mit dem Erfolg und der Befriedigung durch denselben vergleiche. […]

14

Auf die hier gegebene Anempfehlung zielt auch die Regel des Pythagoras, daß man abends, vor dem Einschlafen, durchmustern solle, was man den Tag über getan hat. Wer im Getümmel der Geschäfte, oder Vergnügungen, dahinlebt, ohne je seine Vergangenheit zu ruminieren, vielmehr nur immerfort sein Leben abhaspelt, dem geht die klare Besonnenheit verloren: sein Gemüt wird ein Chaos, und eine gewisse Verworrenheit kommt in seine Gedanken, von welcher alsbald das Abrupte, Fragmentarische, gleichsam Kleingehackte seiner Konversation zeugt."

Was tue ich eigentlich? Strapaziere ich Eure Geduld? Womöglich fragt Ihr Euch inzwischen, ob ich nicht besser daran täte, einmal „zur Sache zu kommen". Ist es so? Vielleicht meint Ihr, die Erörterung, ob die moderne Welt Weisheit und Besonnenheit fördere oder behindere, sei überflüssig. Und Ihr sagt: Was schert sich ein wirklich weiser Mensch darum? Hatten es doch die Weisen zu allen Zeiten nicht leicht! – Richtig, antworte ich. Vor allem haben sie es sich nicht leicht *gemacht*. Soviel stimmt. Doch zugleich gilt: Philosophie steht unter Naivitätsverbot. Der Philosoph – selbst „ein *Sohn seiner Zeit*" – wird sich hüten, unbekümmert schöne Lehren zu verkünden: sie wären jeglichem Mißbrauch ausgeliefert und gewissermaßen wehrlos einer Welt ausgesetzt, die sie sich „auf ihre Weise" zurechtlegen würde. Naivitätsverbot heißt darum: Auf Gedanken hat der Philosoph aufzupassen wie die Mutter auf ihre Kinder. Also sieht er genau hin, *wem* er sie anvertraut, wenn er sie aus der Hand gibt.

Und Ihr seid bitte nicht gekränkt! Glaubt mir, es ist mehr als feine Höflichkeit, wenn ich versichere: Ich meine nicht *Euch*, ich möchte aber *mit Euch* überlegen, in welcher Welt wir uns Gedanken über Lebenskönnerschaft machen. Denn das ist nicht nur für mich, das ist in gleicher Weise für Euch interessant, wenn Ihr beispielsweise später einmal anderen von dem erzählen wollt, was wir miteinander in diesem langen Brief verhandelt haben. Philosophie trifft nie auf leere Köpfe, die sich frisch mit philosophischen Gedanken füllen ließen. Die ihr begegnen, sind im Gegenteil randvoll mit Ansichten, irgendwie erworbenen Gesinnungen, unterschwelligen Optionen, was gut, was wünschenswert, was richtig sei, Überzeugungen sind darin abgelagert, Urteile befestigt, sie haben Meinungen und Wünsche adaptiert, in Tausenden und Abertausenden Gesprächen sind sie an die zeitgemäßen Denk- und Einschätzungsroutinen angeschlossen worden. Dabei haben sie gelernt, zu denken und zu reden, wie man eben (derzeit) denkt und redet, sie haben Zeitungen gelesen, bunte Illustrierte, eine Unzahl von Journalen, Magazinen; sie sind seit Jahren an das Radio, ans Fernsehen, ans Kino angeschlossen, eine Flut von Bildern ist in sie hineingeschwappt, hat Gefühle aufgewühlt, entladen und besänftigt, hat sie erregt, gepackt, empört, in Anspannung versetzt und eingelullt; Werbung hat durch Hintertüren Bilder des Begehrens eingeschleust, hat der Sehnsucht zugeflüstert und den Träumen zugeredet, der Phantasie mit Angeboten zu Gehalt und Stoff verholfen, hat aufmerksam gemacht und abgelenkt, hat das Gewissen mit den so in Kurs gebrachten Wünschen abgeglichen und auf diese Weise lästige Bedenken aus dem Weg geräumt, hat Ansprüche als rechtens eingeschärft, Skrupel lächerlich gemacht, aus Hemmungen befreit und eine grenzenlose Welt versprochen ... Ich breche ab und wiederhole: Philosophische Gedanken treffen also nicht auf leere Köpfe.

Seit Sokrates gilt vielmehr: Der philosophische Gedanke bekommt es mit vorhandener Philosophie zu tun, mag sein mit „falscher", „schlechter", „unbewußter", auf diffusen Wegen eingeschleppter, jedenfalls mit einem Denken, das über eine Vielzahl von Kanälen in die Köpfe drang, sie infizierte, prägte, programmierte, testete, bestätigte, zensierte und sie so in die gefällige, gegenwarts- und zeitgemäße Bahn gesetzt hat.

Das ist die Voraussetzung, die Philosophie zu einem heiklen, von den meisten Menschen als höchst ärgerlich empfundenen Geschäft macht: sie stört die Kreise, in denen man sich eingerichtet hat und leidlich gut zurechtkommt. Den Athener, der damit anfing, haben sie vergiftet. Seine unbeugsame Leidenschaft, die Menschen auf sich selber aufmerksam zu machen, sein Beruf, sie mit sich selbst in Widersprüche zu verheddern – was sie zwischenzeitlich aus der Bahn warf –, seine unnachahmlich feine Art, in der er jene feinen Leute aus der Fassung brachte, indem er ihnen demonstrierte, daß ihre Ansichten nichts taugen, solcher Sokratismus – ohne den Philosophie nichts anderes als eine harmlos-seichte Unterhaltung mit Gedanken wäre – ist erforderlich, sofern das Thema Lebenskönnerschaft kein Spaß ist, sondern Ernst. Dann nämlich kündigt sich bereits im Titel an, daß nicht daran gedacht ist, das Gegenteil von Könnerschaft zu schonen! Und schon das bloße Wort wird manchen irgendwie verdächtig klingen: Lebenskönnerschaft? Was soll das heißen? Sind denn die Menschen für gewöhnlich Stümper? Dilettanten? Soll mit dem Titel etwa angedeutet werden, daß wir Versager oder Pfuscher sind?

Da habt Ihr etwas von den Schwierigkeiten, mit denen rechnen muß, der's wagt, sich auf eine derart heikle Frage wie die unsere, auf die Frage „Wer ist Lebenskönner?", einzulassen.

Und mir erscheint es ratsam, mich für einen Augenblick zurückzuziehen und einen andern vorzuschicken. Schriftlich bringt man sich zuweilen tunlichst hinter einem vorgeschobenen Zitat in Deckung … Ich zitiere also Sir Karl Popper:

„Wir haben alle unsere Philosophien, ob wir dessen gewahr werden oder nicht, und die taugen nicht viel. Aber ihre

Auswirkungen auf unser Handeln und unser Leben sind oft verheerend. Deshalb ist der Versuch notwendig, unsere Philosophien durch Kritik zu verbessern. Das ist meine einzige Entschuldigung dafür, daß es überhaupt noch Philosophie gibt."

Und da Popper gerade das Wort hat, will ich gleich noch einen weiteren Satz von ihm anführen, denn der spricht in prägnanter Kürze aus, was ich im Augenblick im Schilde führe:

Alle Menschen hätten – auch wenn sie sich nicht bewußt seien, philosophische Probleme zu haben – „jedenfalls philosophische Vorurteile", die sie für gewöhnlich „als selbstverständlich akzeptieren", was sie freilich nicht sind. Damit habe die Philosophie anzufangen, also „mit den unsicheren und oft verderblichen Ansichten des unkritischen Alltagsverstandes".

Ja, seht Ihr, und damit habe auch ich vor anzufangen, indem ich nämlich verständlich zu machen suche, was jeglicher Idee einer beispielhaften, noblen Lebenskönnerschaft zunächst einmal den Weg versperrt. Das Programm ist, wie Ihr sehen werdet, weder harmlos, noch ist es einfach zu erfüllen, und natürlich ist es umständlich. Doch es ist nötig. Warum?

Könnten wir unsere Lage so beschreiben, daß in ihr Gedanken favorisiert werden, die sich lediglich mit philosophischen Erwägungen schlecht vertragen, wäre das ein geringes Problem: Philosophisch wäre dann nichts erforderlich, als gut und überzeugend zu argumentieren. Doch womöglich liegt unser Fall anders: Es könnte sein, daß die Fundamente, auf denen sich die philosophische Kritik (an einem haltlosen Leben) wie die philosophische Erörterung des gelingenden Lebens entwickeln konnte, zerbröselt sind, daß die *Voraussetzungen* außer Kraft gesetzt sind, die ehemals stillschweigend unterstellt werden konnten. Und dann – jetzt sage ich es noch einmal – tritt jenes Naivitätsverbot ein. Dann ist zuerst zu schauen: Ist da überhaupt ein Grund und Boden, auf dem sich bauen läßt?

An einem Beispiel, das im Blick auf Lebenskönne und Weisheit mehr als nur ein Beispiel ist (wie sich wird), will ich erläutern, was das heißt.

Das, was ich mir gestatte „Lebenskönnerschaft" zu nennen, hatte einstmals einen anderen Namen: es hieß *Tugend*. So im Deutschen. Griechisch: ἀρετή (arete). Strenger übersetzt: das Gutsein. Die Tugend eines Menschen wäre danach sein Gutsein. Oder – und auch so ist übersetzt worden –: Tugend wäre „vollendetes Können". Doch ich will gar nicht auf die Subtilitäten der Übersetzung eingehen (was immerhin lohnend wäre, da der Begriff der Tugend zuerst und wegweisend zugleich von den griechischen Philosophen bedacht worden ist). Ich will es vielmehr durchaus bei dem deutschen Wort belassen, das mir im Grunde ganz recht kommt, in dem nämlich „Tüchtigkeit" anklingt, auch „Tauglichkeit" mitgedacht ist, das „Vortrefflichkeit" und „Vorbildlichkeit" meint und wohl auch „Vorzüglichkeit". Fasse ich das alles zusammen, bin ich berechtigt zu sagen: Die Tugend eines Menschen ist seine Lebenskönnerschaft. Oder auch: Es ist der, dem wir Tugend zuschreiben, ein Lebenskönner. – Soviel zur Erinnerung. Und nun das Problem, an dem ich demonstrieren möchte, was es heißt, Philosophie unterstehe dem Naivitätsverbot:

Sollten wir etwa leichthin übersehen dürfen, daß beispielsweise Nietzsche meinte, Tugend sei ein Wort, bei dem man sich nichts mehr denken könne, „ein altmodisches Wort, über das man lächelt – und schlimm, wenn man nicht lächelt, denn dann wird man heucheln"? Oder daß Paul Valéry befand, „Tugend" und „tugendhaft" seien heutzutage nur noch „im Katechismus, in der Posse, in der Akademie und in der Operette anzutreffen"? Sprechen solche Äußerungen und gezielten Abfälligkeiten nicht dafür, daß der „Leumund" des Begriffs gelitten hat? Setzt nicht allein die Tatsache schon, daß sie *möglich* wurden, ein Fragezeichen hinter den (ehemals) hohen Begriff?

Schließlich die Psychologie – und nicht erst die „wissenschaftliche", sondern bereits die heitere und menschenkennerische der französischen Moralisten: Psychologie, als Werkzeug in Einsatz gebracht, dem Menschen „hinter die Schliche" zu kommen, mit der Methode des Verdachts das Helle als dunkel umzuinterpretieren und mit der Kunst des Durchschauens hinter den erhabenen Begriffen des Menschen von sich selbst das Menschlich-Allzumenschliche aufzustöbern – hat nicht sie zuletzt mit unvergleichlicher Wirkung die Tugend um ihr traditionell überliefertes Ansehen gebracht? Bereits La Rochefoucauld hat uns beispielhaft vorgeführt, wie mit dem psychologischen Blick um die Ecke die gute alte Tugend erledigt wird, wenn er meinte, unsere Tugenden seien zumeist nur „verkleidete Laster", oder wenn er aphoristisch notierte:

„Wir würden uns oft unserer edelsten Handlungen schämen, wenn die Welt deren Motive kennte."

Die psychologische Kunstfertigkeit – über die, wie wir sehen, schon der Franzose im 17. Jahrhundert verfügte –, dieser Blick hinter die Kulisse, die Strategie der „Aufklärung" über den Menschen mit dem Resultat seiner Verkleinerung, hat ihre Sternstunden, wenn sie das (jetzt nurmehr „vermeintlich") Ernste dem Gelächter aussetzt. Auch darauf verstand La Rochefoucauld sich glänzend – und seine Notate sind zweifellos amüsant, zum Beispiel:

„Greise geben gern gute Lehren, um sich zu trösten, daß sie nicht mehr imstande sind, schlechte Beispiele zu geben."

Doch nun, nach diesen Demonstrationen, noch einmal meine Frage: Wäre es nach alledem nicht in der Tat „naiv", wollte ich, um von der Lebenskönnerschaft reden zu können, umstandslos von Tugenden reden und sie in höchsten Tönen besingen?

Gibt nicht zuerst zu denken, daß das Ansehen der Tugend offenbar gelitten hat?

Wirklich ist mein Eindruck, daß diesem Wort dasselbe Begriffsschicksal zuteil wurde wie dem anderen Groß-, Nobel- und Hauptbegriff lebenspraktischer Vorzüglichkeit: der „Sittlichkeit". Wer wollte übersehen, daß der Begriff mit unheimlicher Tiefenwirksamkeit aus dem Sprachverkehr gezogen wurde oder irgendwie abhanden kam. Schon Schopenhauer fand, „sittlich" sei „ein schwacher und zahmer Ausdruck, schwer zu unterscheiden von »sittsam«, dessen populäre Benennung »zimperlich« ist".

Das also ist unsere Lage: Die Sittlichkeit schwach und zahm, die Tugend zahnlos. Der Sache fehlt der Biß. Was ist da los? Sollen wir glauben, daß auch Begriffe *altern*? Immerhin gesteht selbst ein ordentlicher Universitätsprofessor der Gegenwart, der eine akademisch sonst um Stimmungslagen unbekümmerte Abhandlung zur „Tugendethik" verfaßte, bereits in der Einleitung zu, das Wort Tugend wecke „heute Assoziationen, die die Sache, um die es geht, eher verstellen als klären". Ja, aus dem einstmals gründlich-ernsten Begriff sei „eine Sottise geworden".

Sollte alles geistig Große – Sittlichkeit und Tugend waren einst der Stoff, aus dem Tragödien gemacht wurden – zuletzt zur Komödie und Farce verkommen? Erregt zum Schluß, was einmal selbst dem Leiden Sinn verlieh, nur noch Mitleid?

Nun ließen sich allerdings auch andere Stimmen anführen, solche, die mit mutiger Besonnenheit und um alle modisch aufgemachten Denkdiktate unbekümmert für die Aktualität der Tugend um Verständnis werben. Hermann Lübbe hat das getan. Ich zitiere:

> „Je moderner wir leben, je emanzipierter wir sind, um so
> lebensbedeutsamer wird die Tugend – unsere Könnerschaft

nämlich im Umgang mit den Regeln selbstbestimmter Lebensführung. Die Herausforderung in der modernen Welt lautet, aus Freiheit Sinn zu machen. Fragen fälliger Lebensführung beantworten sich einfach, wenn Not mit ihren evidenten Notwendigkeiten uns bedrängt. Könnerschaft in Selbstbestimmung zu sinnvollem Tun, Tugend also, wird hingegen freiheitsabhängig verlangt."

Und einer der Vordenker der US-amerikanischen Kommunitarier, Amitai Etzioni, schloß ein SPIEGEL-Interview mit der Behauptung:

„Die Bürger der Welt-Gesellschaften sehnen sich nach einer Tugenddebatte."

Auch ließe sich zur Zerstreuung von Bedenken anführen, daß in Frankreich das Buch des Philosophen André Comte-Sponville über die Tugenden zu einem Bestseller wurde („Petit traité des grandes vertus") – zu denken gibt allerdings ebenso, daß es der deutsche Verlag für angemessen befand, die vermutete *Unzeitgemäßheit* dieses „kleinen Breviers der Tugenden und Werte" im Stile mutigen Trotzes gleich im Titel einzubekennen – auf dem deutschen Umschlag steht: „Ermutigung zum unzeitgemäßen Leben".

Ja natürlich, das wäre eine Möglichkeit auch für mich gewesen und für unser Projekt, über Lebenskönnerschaft nachzudenken! So macht man das: Man gesteht tapfer ein, die Sache sei zweifellos „unzeitgemäß", und ergänzt dann, eben *darum* sei sie interessant. Das hat Charme, ist schick, und dem Bekenner trägt der Freimut Bewunderung ein – er denkt anders, er steht dazu, das imponiert.

Doch wäre zugleich eine Einsichtschance vertan, denn die Beantwortung der Frage bliebe aus, wie es dahin kommen konnte, daß die Gebildeten unter den Befürwortern der Tugend meinen, sie sei zuerst einmal gegen die Aburteilung

durch den Geist der Zeit zu verteidigen. Ist es diese Frage ni..
wert, gefragt zu werden?*

Es ist ja nicht *das Wort*, vor allem nicht das Wort allein, das „unmodern" geworden wäre. Verhielte es sich so, wäre es ein Leichtes, Abhilfe zu schaffen. Ein mutiges „Gerade jetzt!" (ich habe Hermann Lübbe und Amitai Etzioni als Repräsentanten dieser Geste zitiert) hätte eine Chance; oder es genügte, einen anderen Begriff, der den Reiz des Frischen, Neuen, Unverbrauchten für sich hätte, zu lancieren. Man sagte beispielsweise „Lebenskönnerschaft" statt Tugend – als Alternative käme „Lebensführungskönnerschaft" in Frage, das hört sich imposant an, ein bißchen barock vielleicht, in jedem Falle aber klingt es interessant –, und die Sache ließe sich als renoviert betrachten. Die dritte Möglichkeit: Man versuchte, der Tugend ein modisches Outfit zu verpassen und sie so unter die Leute zu bringen, redete zum Beispiel, weil das augenblicklich schick ist, von „Lebenskunst". Doch das hieße, den Leib fürs Kleid maßschneidern – und das verbietet das Gewissen, sofern da eins ist, das sich meldet …

Ich bekenne: Die genannten „Lösungen" sind mir, die eine wie die andere, suspekt. Ich will keinen *Worten* Reputation verschaffen, ich will wissen, wie es um *die Sache* steht, um die es geht, und zuvor, wie sie zu Schaden kam. Wie kommt es, daß die ehemals *höchsten Begriffe*, mit denen sich der Mensch seine Bestimmung und Vorzugsstellung unter den Geschöpfen auslegt, sich anerkannt und hoch geschätzt hatte, verblaßten, ihm schließlich fad erschienen und gleichgültig wurden?

---

* Eine, wie ich denke, reizvoll-spekulative Beantwortung dieser Frage habe ich im Kapitel „Menschenbilder" im „Kleinen Buch der inneren Ruhe" (2000 in der Reihe Herder Spektrum erschienen) gegeben, worauf ich hier verweise.

e es geschehen, daß Tugend, Weisheit und der Er-
Lebenskönnerschaft die Faszination verloren, mit
Menschen zu ihrem Vorteil verführten, Maß an
egen, sich abzuschätzen und weit über sich hinaus-,
nämlich zu den Besten, Gelungenen, Beispielhaften und Vor-
bildlichen aufzublicken?

Was ist – mit nochmals anderen Worten – passiert, daß die
Stelle der Ideale von Idolen besetzt werden konnte?

Fragen genug? – Laßt mich versuchen, einige Antworten zu
finden.

Ich hatte den gescheiten La Rochefoucauld zitiert (gescheit
im Sinne von „gewitzt", „Esprit", „überraschend", „überrum-
pelnd"). Und ich zitiere ihn gleich noch einmal – mit einem
Gedankensplitter, der es „in sich hat". Wir werden sehen: Mit
diesem Aphorismus („Jeder Aphorismus ist das Amen einer
Erfahrung", hat Hans Kudszus gesagt – hier stimmt's) hat er
unser Problem in einem Satz verpackt, und dies so, daß er zugleich den Wink enthält, wie wir jedenfalls zu *einer* Antwort
finden.

„Was wir Böses tun, zieht uns nicht so viel Verfolgung und
Haß zu wie unsere Vorzüge."
Womöglich ist hier bloß das Wort vom Bösen, das wir tun, inzwischen zu grob für unseren Geschmack – auch das Böse, im
klassisch imposanten Sinn, ist „unmodern" geworden. Man ist
im großen ganzen moderat, vermeidet das Extrem, hält sich
bedeckt, im Rahmen, tariert sich in der Mittellage ein, hält
sich im Weichbild: Was herausragt, erregt Anstoß. (Es sei
denn, es ist harmlos wie ein „Rekord", was ihm Achtung ein-
trägt und die feierliche Beisetzung in jenem bekannten Bestsel-
lerbuch der Rekorde.) Doch lassen wir das beiseite.

Entscheidend ist, was es mit unseren „Vorzügen" auf sich
hat. Und im Blick darauf hat La Rochefoucauld Scharfsicht
bewiesen: Herausragendes wird beargwöhnt, das Noble, Über-

legene, Vollkommene, Gelungene, Vorzügliche wird abschätzig behandelt, das Prächtige hat das Gewissen gegen sich, und das Strahlende steht im Verdacht, weil es Schatten wirft – auf andere nämlich … Und das ist unerwünscht, das wird nicht toleriert. Der Mensch ist unter die Auflage geraten, sich im Mittelmaß zu halten. Wir leben im „Weltalter des Ausgleichs" (Max Scheler): Als sei das biblische Millennium heraufgezogen, werden die Berge abgetragen und die Täler aufgefüllt. Was bleibt, ist flache Landschaft, ein friedlich seichtes Gefilde.

Und in dieser Kunstwelt soll vom Ideal der Lebenskönnerschaft die Rede sein?

Ragt da nicht schon das pure Wort – „Könnerschaft" – wie ein unstatthaft schroffes Gebirge heraus, das schleunigst geglättet und planiert werden muß?

Ist nicht längst die Atmosphäre für alles Herausgehobene verdorben, wenn selbst und schon Herr Klopstock die Bemerkung machen konnte:

„Einige Tugenden werden belohnt, andere verziehen"?
Ich frage: Wird nach und nach verständlich, auf welche Umstände der Blick gelenkt wird, sobald wir dem Naivitätsverbot gehorchen?

Wird klar, daß uns die Zeit so eingerichtet ist, daß die *Voraussetzungen* abgeschafft sind, an die sich Vorstellungen von Weisheit, Tugend, Könnerschaft der Lebensführung knüpfen ließen?

Daß die Fundamente erodiert sind, auf die sich einmal der ideale Anspruch an ein richtiges und außerordentliches Leben gründen ließ?

Ist es so weit mit uns gekommen, daß wir kaum noch fassen können, wie der Mensch als aufgerichtetes und stolzes Wesen einmal von sich dachte, indem er sich das Äußerste, das Schwierige, das Fordernde als Maßstab setzte?

Sind wir Spätlinge und Nachgeborenen mit einem Wort vielleicht ganz schlicht zu alledem zu *faul* geworden? Zu *bequem*? Oder auch, wer weiß – zu *ängstlich*?

Ist womöglich dies das Übel, daß wir *mutlos* wurden, daß uns die Zuversicht abhanden kam, über uns hinauszuwachsen?

Wer hätte noch die frische Unbekümmertheit, daß er über seinen Schatten springen wollte?

Ist deutlich, wovon ich rede?

Ein anderer, wiederum Franzose, ich meine Diderot, hat in „Jacques der Fatalist" bemerkt:

„Jede Tugend, jedes Laster hat seine Zeit und kommt einmal aus der Mode."

Gut, möchte man sagen, das ist kein Problem, das lassen wir hingehen. Alles Besondere hat seine Zeit, taucht auf, tritt ab und verschwindet: das Schicksal alles Modischen. Es ist damit wie mit dem Mond: nimmt er nicht zu, nimmt er ab.

Wie aber, wenn nicht diese oder jene Tugend, wenn nicht das eine oder andere Laster aus der Mode käme – sondern die Unterscheidung von Tugenden und Lastern überhaupt veraltete? So daß es diese wie jene irgendwie *gar nicht mehr gäbe*, da von ihnen keine Rede mehr wäre? Dann allerdings hätten wir's mit einem Problem ganz anderen Formats zu tun; und daß das so ist, ist meine Vermutung.

Nochmals Diderot: In seinem Zyniker-Porträt, dem Roman „Rameaus Neffe" (den Goethe für wert befand, ihn höchstselbst zu übersetzen), hat er vermutlich auf die kürzeste Formel gebracht, was den Tugenden das Wasser abgrub, und zwar nicht diesen oder jenen, sondern der Tugend überhaupt. Es heißt dort:

„Die Tugend fordert Ehrfurcht, und Ehrfurcht ist unbequem; die Tugend fordert Bewunderung, und Bewunderung ist nicht unterhaltend."

Dazu ist nur noch zu ergänzen: Und das Laster fordert Abscheu, was unbequem ist – und es fordert Verachtung, doch zu verachten – wem stünde das zu? Stellt sich, wer verachtet, nicht ein Treppchen zu hoch?

Nein, der Heutemensch hat den Geschmack an allem Schwarz und Weiß verloren, er wünscht sich den Ausgleich, das Temperierte, die Mitte. Die mag vielfältig farbig, sogar bunt sein, aber bitte kein Schwarz, kein Weiß, kein Entweder-Oder! Irgend etwas dazwischen, und nichts, was Anstoß erregte, zumal nichts oben, nichts unten, schon gar nichts „Hohes" und nichts „Niederes". Im Halb-Halben lebt es sich gemütlicher. Der Mensch, das Tier, das sich einst aufgerichtet hatte, hat sich eingerichtet. Im Abendland ist Feierabend. Ein Knöpfchen, und für Unterhaltung ist gesorgt.

Nietzsche – wie sonst nur Kierkegaard (beide werde ich zitieren) – hat diese Stimmung kommen sehen, die Verfassung des modernen, abgeschirrten Menschen, der auf irgendeine Weise alles hinter sich, alles Große, Weite und Vortreffliche im Rücken hat, der sich nichts mehr vormacht, dem man alle „großen Flausen" austrieb, bis er nüchtern, sachlich, friedlich mit sich reden ließ, und der nun meint, im Grunde fehle ihm ja nichts. Wieso denn auch? Das Haus ist warm, der Kühlschrank voll, die Flasche Wein zur Hand, und ein paar Wochen noch, dann geht es sowieso erst einmal in den Urlaub. Nietzsche hat diesen Menschen, der aus einer langen, angespannten, suchenden, hoffenden, kämpfenden, ringenden, schrecklichen und herrlichen, blutigen und stolzen, bangen und zukunftsfrohen Geschichte, aus jener Geschichte der Menschenaufrichtung schließlich hervorging, als das Schrekkensbild des „letzten Menschen" ausgemalt:

Sein Zarathustra, nachdem er die Höhle im Gebirg verlassen hatte und hinabgestiegen war und in die Stadt kam, fand „daselbst viel Volk versammelt auf dem Markte". Da tat er seinen Mund auf und sprach zu dem Volk, und die Worte wuchsen ihm zu wie Flügel, daß er sich erhob und leicht ward wie ein Vogel unter dem Himmel. So schwang er sich über die Köpfe der Menschen hinweg und sang er ihnen vom Übermenschen, sie aber gafften diesem sonderlichen Kündevogel nach und verstanden nicht, was er ihnen sang, so schüttelten sie die Köpfe und amüsierten sich.

Zarathustra aber, als er das Volk sah, wie es dastand und lachte, sprach zu seinem Herzen: Da stehen sie und lachen: „sie verstehen mich nicht, ich bin nicht der Mund für diese Ohren. Muß man ihnen erst die Ohren zerschlagen, daß sie lernen, mit den Augen hören? Muß man rasseln gleich Pauken und Bußpredigern? Oder glauben sie nur dem Stammelnden?"

Und bei sich selber dachte er, noch haben sie etwas, worauf sie stolz sind. „So will ich denn zu ihrem Stolze reden. So will ich ihnen vom Verächtlichsten sprechen: das aber ist *der letzte Mensch*."

Friedrich Nietzsche: Der letzte Mensch
(aus „Also sprach Zarathustra")

Und also sprach Zarathustra zum Volke:

Es ist an der Zeit, daß der Mensch sich sein Ziel stecke. Es ist an der Zeit, daß der Mensch den Keim seiner höchsten Hoffnung pflanze.

Noch ist sein Boden dazu reich genug. Aber dieser Boden wird einst arm und zahm sein, und kein hoher Baum wird mehr aus ihm wachsen können.

Wehe! Es kommt die Zeit, wo der Mensch nicht mehr den Pfeil seiner Sehnsucht über den Menschen hinaus wirft, und die Sehne seines Bogens verlernt hat, zu schwirren!

Ich sage euch: man muß noch Chaos in sich haben, um einen tanzenden Stern gebären zu können. Ich sage euch: ihr habt noch Chaos in euch.

Wehe! Es kommt die Zeit, wo der Mensch keinen Stern mehr gebären wird. Wehe! Es kommt die Zeit des verächtlichsten Menschen, der sich selber nicht mehr verachten kann.

Seht! Ich zeige euch *den letzten Menschen.*

»Was ist Liebe? Was ist Schöpfung? Was ist Sehnsucht? Was ist Stern?« – so fragt der letzte Mensch und blinzelt.

Die Erde ist dann klein geworden, und auf ihr hüpft der letzte Mensch, der alles klein macht. Sein Geschlecht ist unaustilgbar wie der Erdfloh; der letzte Mensch lebt am längsten.

»Wir haben das Glück erfunden« – sagen die letzten Menschen und blinzeln.

Sie haben die Gegenden verlassen, wo es hart war zu leben: denn man braucht Wärme. Man liebt noch den Nachbar und reibt sich an ihm: denn man braucht Wärme.

Krankwerden und Mißtrauen-haben gilt ihnen sündhaft: man geht achtsam einher. Ein Tor, der noch über Steine oder Menschen stolpert!

Ein wenig Gift ab und zu: das macht angenehme Träume. Und viel Gift zuletzt, zu einem angenehmen Sterben.

Man arbeitet noch, denn Arbeit ist eine Unterhaltung. Aber man sorgt, daß die Unterhaltung nicht angreife.

Man wird nicht mehr arm und reich: beides ist zu beschwerlich. Wer will noch regieren? Wer noch gehorchen? Beides ist zu beschwerlich.

Kein Hirt und eine Herde! Jeder will das Gleiche, jeder ist gleich: wer anders fühlt, geht freiwillig ins Irrenhaus.

»Ehemals war alle Welt irre« – sagen die Feinsten und blinzeln.

Man ist klug und weiß alles, was geschehn ist: so hat man kein Ende zu spotten. Man zankt sich noch, aber man versöhnt sich bald – sonst verdirbt es den Magen.

Man hat sein Lüstchen für den Tag und sein Lüstchen für die Nacht: aber man ehrt die Gesundheit.

»Wir haben das Glück erfunden« – sagen die letzten Menschen und blinzeln. –

Man sollte jede Gelegenheit nutzen, die sich findet, ein Lied des Lobes auf das 19. Jahrhundert anzustimmen! Wäre weit und breit im folgenden, im gerade ausgegangenen Jahrhundert, *ein einziger Denker* auszumachen, der sich mit diesen Riesen des Begreifens, des philosophischen Tiefen- und Überblicks wie Hegel, Schelling, Schopenhauer, dem Dänen Kierkegaard, dem Europäer Nietzsche messen könnte? Ernst Bloch pflegte gelegentlich, wenn er solche außerordentlichen Texte rezitierte, mündlich anzufügen:

„Woher weiß der das von uns?“

Und wirklich ist es so: Was Nietzsche hier als Fall des Menschen ausgemalt hat (jene „absteigende Linie, auf der zuerst Gott zum Menschen wird und dann der Mensch zum

Schlumpf", so Sloterdijk), ist unser Fall, mit der peinlichen Differenz, daß Nietzsche ihn *kommen* sah, wir hingegen stecken mitten drin. Peinlich für uns – hätte sich der letzte Mensch nicht abgewöhnt, peinliche Empfindungen zu kultivieren …

Übrigens: morgen stelle ich ihm eine Passage von Kierkegaard zur Seite, zur Bekräftigung und Unterstützung. Für heute aber mache ich Schluß; es ist spät geworden. Bis dann!

Ihr Lieben, ich möchte Euch fragen: Strapaziere ich Eure Geduld? Meint Ihr, das alles sei überflüssig? Wollt Ihr lieber gleich etwas „Handfestes" zur Weisheit bar auf die Hand? Vielleicht etwas Sinniges, Besinnliches, etwas Gerades zur Tugend, ein paar ordentliche Anweisungen, wie zur Lebenskönnerschaft zu kommen sei?

Ich lasse im Moment beiseite, ob Ihr mich mit solchen Forderungen über- oder unterfordertet; doch klarstellen möchte ich, daß ich mich – unter Berufung auf mein philosophisches Gewissen – weigere, von den Problemen abzusehen, die uns den Weg zur Weisheit, Tugend, Lebenskönnerschaft verlegen, wenn nicht versperren.

Der Ungeduldige stürmt los und rennt die Tür ein – ich erlaube mir zu fragen, wer oder was sie zuschlug.

Wollen wir etwa, ohne alle Vorbereitung, mit jenen letzten Menschen – mir nichts, dir nichts – über Grundsätze des richtigen, anspruchsvoll erfüllten, des bewährten, überprüften, besonnen nachdenklich geführten Lebens plaudern? Was erst, wenn wir ihnen mit einem Wort wie „Tugend" kämen?

Nietzsche hat sehr früh, noch weit vor der Niederschrift des Zarathustra, scharf erkannt, was dem alten überlieferten Ideal der Tugend den Garaus gemacht hat. Ich muß allerdings, damit uns die Pointe, die er setzte, nicht entgeht, zunächst rasch daran erinnern, was jenes „überlieferte" Ideal der Tugend war. Es ist die Lehre des Aristoteles, der die (ethische, verhaltensleitende) Tugend als „rechte Mitte" begriff, und zwar als rechte Mitte zwischen zwei Verfehlungen, zwei Lastern, zwei Untugenden.

Die Tugend, erklärt der Philosoph in seiner „Nikomachischen Ethik", betreffe jene Haltungen und Handlungen, bei denen „das Übermaß ein Fehler ist und der Mangel tadelnswert, die Mitte aber das Richtige trifft und gelobt wird".

Das allfällige, gern gewählte Beispiel: Die Feigheit, als das eine Laster, ist von der Furcht überwältigt und läuft vor jeder Gefahr davon. Die Tollkühnheit, das andere Laster, fürchtet nichts und stürzt sich unsinnig in jegliche Gefahr. Die rechte Mitte hingegen trifft die Tapferkeit. Die Tugend der Tapferkeit oder der Mutige ist furchtlos angesichts des Fürchterlichen und stark kraft Besonnenheit. Soviel zur Erinnerung.

Und nun Nietzsche: Der moderne Mensch, der Zeitgenosse, der „letzte Mensch", dessen Gewohnheit es sei, klug maßzuhalten im Sinne der mediocritas, der suche nicht länger die Mitte „zwischen zwei Fehlern" zu treffen, sondern der halte die Mitte „zwischen der Tugend und einem Fehler" … – was mit der aristotelischen Tugend zu verwechseln freilich ein komischer Irrtum sei.

Und in der Tat: An die Stelle des einzig Richtigen, Anspruchsvollen, des – emphatisch gesprochen – praktisch Wahren, tritt die Halbheit, das Gemischte, ein Weder-Noch, die Mittelmäßigkeit, die „Tugend", es auch mit der Tugend nicht allzu genau zu nehmen, die „Weisheit", allen- und schlimmstenfalls „ein bißchen weise" zu sein … – kurzum: nicht gut, nicht böse, eben irgendwas dazwischen …

Und jetzt noch einmal: Unter solchen Umständen sollte von Lebenskönnerschaft geredet werden können?

Ich nehme an, es ist hinreichend deutlich geworden, was ich meinte, als ich sagte, die Grundlage dafür sei weggerutscht, und das Fundament, auf dem solches Denken gegründet stünde, sei brüchig.

Und damit, wie ich angekündigt hatte, das Zitat aus einem Text von Kierkegaard, aus seiner „Literarischen Anzeige", einer großartig visionären Schilderung der gegenwärtigen Menschenverfassung, wie sie sich im 19. Jahrhundert formiert hat – und noch immer dauert …

Hier zunächst seine generelle These, die Übersicht, aus der die Konsequenzen anschließend entwickelt werden. Sie lautet:

„Die Gegenwart ist wesentlich *verständig, reflektierend, leidenschaftslos, flüchtig in Begeisterung aufflammend und gewitzt in Indolenz ausruhend.*"

Dieses Wort aus der Fremde, „Indolenz", in dem Kierkegaard alles versammelt, hat Gewicht; ich sollte eine erläuternde Übersetzung anfügen: „Indolenz", das meint Unempfindlichkeit gegen alle Eindrücke, Trägheit, Lässigkeit. Doch dazu später mehr. Und nun zunächst weiter:

Eine solchermaßen „leidenschaftslose und reflektierende Zeit verwandelt jede Kraftäußerung *in ein dialektisches Kunststück: nämlich das, alles bestehen zu lassen, aber ihm hinterlistig seine Bedeutung zu entwinden; statt in einem Aufruhr gipfelt sie darin, die innerliche Wirklichkeit der Verhältnisse zu ermatten in einer Reflexionsspannung, welche gleichwohl alles bestehen läßt und das ganze Dasein in eine Zweideutigkeit verwandelt hat, welche in ihrer Tatsächlichkeit da ist, während dialektischer Trug privatissime eine heimliche Lesart unterschiebt – daß es nicht da ist.*

Sittlichkeit ist Charakter, Charakter ist das Eingegrabene, aber das Meer hat keinen Charakter und der Sand auch nicht, und die abstrakte Verständigkeit auch nicht, denn der Charakter ist eben die Innerlichkeit. Unsittlichkeit ist als Energie ebenfalls Charakter. Dahingegen ist es Zweideutigkeit, wenn man weder das eine ist noch das andre; und Zweideutigkeit im Dasein ist es, wenn die qualitative Entgegensetzung der Qualitäten durch eine nagende Reflexion abgeschwächt wird. Der Leidenschaft Aufruhr ist elementarisch, der Zweideutigkeit Auflösung ist ein sachter, aber Tag und Nacht seinen Gang gehender Häufelschluß. Die Unterscheidung von Gut und Böse wird entnervt durch eine leichtfertige, vornehme, theoretische Bekanntschaft mit dem Bösen, durch eine hochmütige Klugheit, die da weiß, das Gute finde in dieser Welt keine Anerkennung, keinen Lohn – so daß es beinahe eine Dummheit wird. Niemand wird von dem Guten hingerissen zu großer Tat, niemand von dem Bösen übereilt zu himmelschreiender Sünde, der eine wird insofern dem andern nichts zu hören geben, und doch gibt es aus diesem Grunde nur desto mehr, um darüber zu schwatzen, denn die Zweideutigkeit ist ein prickelndes Reizmittel und ganz anders wortreich als die Freude über das Gute und der Abscheu vorm Bösen."

Sollte man nicht, mit neuer Hellhörigkeit, den Dänen Kierkegaard lesen …? (Soviel als meine Empfehlung.)

Sittlichkeit ist Charakter, Charakter ist das Eingegrabene, aber das Meer hat keinen Charakter und der Sand auch nicht, und die abstrakte Verständigkeit auch nicht … – das sind Worte, die man sich mehrfach wiederholen möchte. Mir ist, als gäben sie noch einmal einen Blick frei auf Bilder menschlichen Selbstverständnisses, die uns Heutemenschen entschwanden. Doch genau dort, in diesen entschwundenen Regionen, werden wir suchen müssen, wenn wir ein neues Bild von Lebenskönnerschaft aufrichten wollen. Und dazu war allererst klarzustellen, daß eine solche Suche *nötig* ist, daß uns die Gegenwart eben *nicht* bietet, was wir zu unserer Orientierung brauchen.

Das erste, dessen wir bedürfen, ist mit andern Worten ein Bewußtsein des *Mangels*, die Einsicht, daß da etwas fehlt. Und darum nochmals: was?

Ich hatte gesagt (und im Zusammenhang Diderot zitiert), mit den Tugenden seien auch die Laster unmodern geworden. Was ich freilich mit dem Zusatz erläutern sollte: das *Bewußtsein* der Laster sei verlorengegangen, das *Wort* ist nicht mehr im Umlauf. Heißt das, daß auch „die Sache", die gemeint war, verschwunden ist?

Es wird gut sein, denke ich, wenn ich zur Beantwortung dieser Frage einmal einige Erfahrungen aus der Philosophischen Praxis mitteile. Vielleicht läßt sich an ihnen demonstrieren, daß ein Problem eben nicht schon dadurch aus der Welt ist, daß man es als solches weder zu kennen meint, noch zu benennen weiß …

In einem entscheidenden, möglicherweise alles wendenden Gesprächsaugenblick sagt ein Besucher etwa:

Das sei ausgeschlossen, das verbiete ihm sein Stolz.

Ein anderer Gast sagt beispielsweise:

Gewiß, er habe selbst schon des öfteren darüber nachgedacht, und er leugne überhaupt nicht, daß dies richtig und überzeugend sei. Doch wenn er ehrlich sein solle, müsse er gestehen, im Grunde habe er einfach keine Lust dazu. „Mag ja sein", fügt er an, „daß ich einfach zu bequem bin, wissen Sie, oder, wenn Sie so wollen, zu träge. Aber wer springt schon über seinen Schatten?"

Ein wieder anderer erzählt:

Eigentlich habe er in seinem Leben „nur so herumgehangen". Und wenn er etwas gemacht habe, dann, weil es ihm Spaß gemacht habe: „Na, eben Fernsehen, Computerspiele, ja, oder wenn Freunde kommen, gehen wir irgendwo hin, wo was los ist, Frauen natürlich …" – etc.

Eine Besucherin berichtet:

Es sei ja eigentlich schrecklich, zugegeben, aber wenn sie sich richtig aufrege, dann gebe es eben kein Halten mehr, dann verliere sie derart jede Fassung, dann „raste" sie dermaßen aus, dann sei eben einfach alles „zu spät", dann sei ihr übrigens auch alles „schnurz-egal", sie steigere sich dann da derart hinein ... – „Ich weiß", sagt sie dazwischen, „Sie können sich das gar nicht vorstellen, denn ich erzähle ja jetzt bloß ganz relaxed davon; aber Sie sollten mich einmal erleben ..." – also kurz, dann sei sie eben völlig außer sich ... Das letzte Mal habe sie das Hochzeitsgeschenk der Schwiegereltern, die ja immer mit so sündhaft teurem Zeugs ankämen, also die große chinesische Vase, die natürlich ein kleines Vermögen gekostet habe, die habe sie – übrigens mit kalter, um genau zu sein: mit eiskalter Berechnung – genommen und vor ihm in der Küche auf den Keramikfliesen zerdeppert. „Ich sage Ihnen, das war ein Knall, das war, als wenn das Gerät explodierte", fügt sie an. Und dann läßt sie eine Pause eintreten, bevor sie ergänzt: „Ich weiß, ich mache ihm das Leben zur Hölle. Ja natürlich. Aber was ist denn mit mir? Wie geht es mir denn? Geht es mir etwa gut? Soll er doch genauso schmoren!"

Eine andere Besucherin sagt:

„Wissen Sie, daß ich ihn manchmal hasse? Der sonnt sich in seinem Erfolg, genießt das Leben, es fliegt ihm ja auch alles zu, und dann tut er auch noch großmütig und nervt andere mit seiner entsetzlichen Gelassenheit, die er sich ja wunderbar erlauben kann. Ja klar, in seiner Lage! – da könnte ich auch die gelassene Tour fahren: alles schön ruhig, und erst mal überlegen, und: »Schau doch mal ...« und: »Überleg' doch mal ...« und: »Sollten wir nicht ...« und so weiter, diese ganze Litanei, die mir so unendlich auf die Nerven geht ... Den bringt nämlich überhaupt nichts aus der Ruhe. Sie glauben gar nicht, wie mir diese Attitüde auf den Wecker geht! Ich will Ihnen sagen, was das ist: Der ist sich in Wirklichkeit seiner Position derart sicher, daß da einfach keiner drankommt. Da beißen Sie sich die Zähne dran aus. Ich werd' noch wahnsinnig, sage ich Ihnen!"

Schließlich sagt ein Gast in der Beratung, und zwar im Blick auf eine Lebenslage, die Entschluß und Entscheidung verlangt:

„Ich denke ja gar nicht daran! Verstehen Sie? Ich denke gar nicht daran!"

Ist Euch etwas aufgefallen? Ahnt Ihr, was ich mit dieser Blütenlese im Schilde führe?

Ich will Euch sagen, was ich da – allerdings inkognito – habe vorbeidefilieren lassen …: sechs klassische Laster. Und ich erlaube mir, sie vorzustellen, ordentlich der Reihenfolge ihres Auftretens nach:

Den Anfang machte *superbia* – das Kardinallaster schlechthin, der Stolz, der Hochmut. Danach trat *acedia* auf, die Unlust oder Trägheit, gefolgt von *luxuria,* der Vergnügungssucht. Als nächstes trat *ira* auf, der Zorn, und danach, als theatralischer Höhepunkt, *invidia,* der Neid – von dem Max Scheler einmal sehr klug bemerkte, er sei in seiner schlimmsten, den Menschen innerlich vergiftendsten Form der „Existenzialneid". Den Schluß machte *aphrosyne,* die Unbesonnenheit.

Nun wäre ich allerdings mißverstanden, wenn Ihr meintet, mein Ansinnen sei, die Rede von den Lastern wieder einzuführen, damit sich – im berechtigten Fall – sagen lasse, dieser oder jene seien „lasterhafte" Menschen. Nein, natürlich nicht.

Dennoch: Könnte es wohl sein, daß die Laster, von denen *nicht* mehr die Rede ist – von ihnen noch weniger als von den Tugenden! –, besonders üppig ins Kraut schießen, wenn sie – als Ausdruck moderner Sprachlosigkeit – übersehen werden? Meine Vermutung ist: Sie wachsen von allein wie das Un-

kraut. Je mehr man sie übersieht, desto mehr wuchern sie …
Hugo Ball fand dafür die Formel:

„Niemand weiß heute mehr, was ein Laster ist, und jeder
dünkt sich frei davon. So sehr sind wir alle davon besessen."

(Einer, der noch für theologische Ober- und Untertöne ein
Gehör hat und infolgedessen schärfere Konturen ziehen könnte, würde möglicherweise sagen, das hätten die Laster mit dem
Teufel gemeinsam: Ihnen, wie ihm, ist gar nicht daran gelegen,
erkannt zu werden. Unerkannt gehen ihre – wie seine – Geschäfte am besten.)

Doch ich will mit solchen Rückgriffen in längst und sicher
archivierte Welten niemanden erschrecken. Wohl aber wollte
ich mir die Frage gestatten, ob die Rede von Tugenden überhaupt noch sinnvoll ist, wenn von Lastern nicht mehr geredet
werden kann. Ist ein „Richtig" plausibel, wenn unverständlich
wurde, was das „Falsche" wäre?

Jetzt zur Lebenskönnerschaft: Ist auch nur ein Gedanke daran
möglich, sofern es untersagt wäre, mit prüfendem Blick zu fragen, ob es Lebensstümper, -dilettanten und -versager gibt,
Nichtkönner eben? Und setzte dies nicht voraus (macht Euch
auf eine lange Aufzählung gefaßt!), daß sich die ganze Phalanx
der Laster, daß sich Unbelehrbarkeit, Verstocktheit und Ver-
biesterung, Neid, Häme, Gehässigkeit, Mißgunst, Zynismus,
Faulheit, Trägheit, Unaufmerksamkeit, Verschlossenheit, Ver-
ständnislosigkeit, Dumpfes, Borniertes, Verbummeltes, Be-
schränktes, Rohes, Albernes, Lächerliches, Kleinkariertes, Eng-
stirniges, Enges, Kurzsichtiges (nicht die Augen hinter der
Brille sind gemeint …), daß sich Arroganz, Unzuverlässigkeit,
Unaufrichtigkeit, Verlogenheit, Unkontrolliertheit, Fahrigkeit,
das Aufbrausende, Launische und Zickige, das Haltlose und
Hinterhältige, das Intrigante, Egoistische und Ungerechte,
daß sich Egozentrik, Egomanie, Rechthaberei, Übelrederei,

Gefühllosigkeit, Rücksichtslosigkeit, Verdorbenheit, Lässigkeit (wo sie nicht hingehört), Säumigkeit (wo Entschluß und Handeln nötig wären), daß sich die Unfähigkeit zu verzeihen, zu Nachsicht und Wohlwollen, daß sich Abseitiges, Versponnenes und Lebensuntüchtiges, daß sich Ängstlinge, Verkrochene, Mißtrauische und Argwöhnische, Kleinmütige und Hochmütige, Verhauste, Muffelige, Spießer, Dogmatiker und Fanatiker, Krämerseelen und Gierige, Überhebliche und Eingebildete, Stupide und Einfallslose, daß sich (um im Ton wieder vornehm zu werden ...) Unbesonnenheit, Mutlosigkeit, Unbedachtheit, Torheit (ein offenbar ganz ausgestorbenes Wort, wobei dies nur *das Wort* betrifft ...) und Narrheit (für sie gilt dasselbe) – beim Namen nennen ließen?

Jetzt füge ich (zur Vervollständigung) bloß noch an, daß ich in meiner Aufzählung manche Unart, die dem Gegenwartsbewußtsein als Wahrnehmung verblieben ist (deren Wahrnehmung sogar nachdrücklichst erwartet wird!), unterschlagen habe. Drei von ihnen sind besonders auffällig: Fremdenhaß, Rassismus, Rechtsradikalismus. Fällt nach der absolvierten Litanei auf, daß – mit Zurückhaltung formuliert – unsere Aufmerksamkeit zur Zeit eigentümlich „konzentriert" ist ...? Soviel dazu.

Und nun?

Bergisch Gladbach, Sonntag, den 11. März 2001

Auch Briefe, lange zumal, unterliegen gewissen Regeln, die eingehalten werden sollten. Besonders nach einem solchen Sforzando – paßt die musikalische Metapher? – sollte der Leser eine Weile geschont werden ... Also denke ich, ein Einschub ist nötig. Ein hübscher, liebenswerter, kleiner Text, eine nachdenkliche, zugleich humorvolle Einlage – eine Art Intermezzo und Zwischenaktmusik ... Und von wem ließen sich zu diesem Zweck ein paar Zeilen geeigneter und passender ausleihen als von Wilhelm Busch, den Odo Marquard einmal den „gereimten Schopenhauer" nannte, mit dem Zusatz: was nicht heiße, „daß Schopenhauer ungereimt ist"? Hier ist er also:

Leider

So ist's in alter Zeit gewesen,
So ist es, fürcht ich, auch noch heut.
Wer nicht besonders auserlesen,
Dem macht die Tugend Schwierigkeit.

Aufsteigend mußt du dich bemühen,
Doch ohne Mühe sinkest du,
Der liebe Gott muß immer ziehen,
Dem Teufel fällt's von selber zu.

Und zur Ergänzung das nachgelassene Epigramm:

Gott zieht nur an der Hand, der einen,
Der Teufel zieht an beiden Beinen.

Wozu aber sind solche heiteren Intermezzi gut? Sind sie nicht eine Art Kontrastmittel, das elegant auf den Ernst, der folgen muß, vorbereitet?

So jedenfalls dachte ich mir die Rolle, die ich dem Humoristen Busch zugedacht habe. Natürlich hätte ich mir auch anders, nämlich seriös und ordentlich, behelfen können, indem ich dasselbe etwa in der eleganteren Wissenschaftsprosa Arnold Gehlens eingefügt hätte, denn auch Gehlen hätte uns das richtige Stichwort für die weiteren Überlegungen gegeben. Seine Version lautet:

„Die Bewegungen nach dem Verfall zu sind stets natürlich und wahrscheinlich, die Bewegungen nach der Größe, dem Anspruchsvollen und Kategorischen hin sind stets erzwungen, mühsam und unwahrscheinlich. Das Chaos ist ganz im Sinne ältester Mythen vorauszusetzen und *natürlich*, der Kosmos ist göttlich und *gefährdet.*"

Was für feine Unterschiede, nicht wahr? Statt „Gott": „göttlich", was zweifellos dezenter und vor allem geisteswissenschaftlicher klingt; statt „Teufel": „natürlich" – wobei nicht leicht zu sagen ist, ob solche Ersetzung eher noch hinter die Natur und das Natürliche als hinter den Teufel das Fragezeichen setzt ... Und das „Chaos"? Da ist „des Chaos wunderlicher Sohn" nicht weit. Doch ich will mich für diesmal theologischer Anstößigkeiten enthalten. Mit JENEM im Spiel ließe sich der Text zwar unterhaltsamer gestalten (was wäre der „Faust" ohne Mephistopheles?), doch liefe ich Gefahr, unverständlich zu werden. Das Folgende ist auch schon ohne zusätzliche Fracht schwer genug ...

Und ernst, wie angekündigt.

Wilhelm Busch, Arnold Gehlen: Darf ich erläutern, was beiden gemeinsam ist?

Der eine dichtete, der andere dachte auf der Grundlage eines uralt überlieferten Selbst- und Menschenverständnisses, ohne das jeder Gedanke an Tugend, Lebenskönnerschaft, erst recht an Weisheit zu verblasenem Unsinn wird, ohne das es keine „Versuchung" mehr gibt, kein sinnlos verblödetes Leben, kein Vertun und Vergeuden der Tage, kein Vergammeln, Veröden, erst recht kein „Mißraten" des Lebens, sondern nur noch das kleine Glück des „letzten Menschen" und hin und wieder „Probleme" – dann verschluckt er eine Pille oder geht in Therapie.

Ich werde versuchen, dieses altüberlieferte Verständnis des Menschen von sich selbst kurz zu skizzieren. Und zwar so:

Der Mensch, sofern wir ihn in hochkulturellen Umständen beobachten, hatte sich „verdoppelt", war gründlich mit sich „entzweit". Er kannte sich als den, der er – so wie er sich tagtäglich vorfand – war (bei Hegel hieß das: „wie er geht und steht"), und er wußte sich zugleich als der, der zu sein seine Bestimmung wäre; er begriff sich gleichzeitig als Wirklichkeit und Forderung, als Sein und Sollen, als Faktum und Idee, er wußte sich als Sünder und zugleich als ausersehenes „Kind Gottes". Er kannte die Versuchung, sich auf dem Faulbett auszustrecken, doch zugleich war klar, da gehörte er nicht hin. Er ließ sich an das Kleine, Miese, Mäßige und Häßliche, Verstockte, Törichte, Beschränkte – das ihm nur allzusehr vertraut war –, an sein muckerisches, abwendiges Wesen, an seine Ausreden und Winkeleien, an seine Neigungen zur Mißgunst, Habsucht, Völlerei, seine Lust am Prahlen, Schmähen und Heruntermachen, ans schwache Fleisch, an den Wankelmut der Seele, an die Unbeständigkeit des Herzens und nicht zuletzt an seine närrischen Begierden aus berufen-zuständigem Mund erinnern – und dann daran, daß der „wahre Mensch" das alles nicht ist, daß er vielmehr voller Großmut, edel, von

schöner Seele, aufgeschlossen, nachsichtig und e
tapfer, standhaft, aufrichtig, klug, besonnen und bec

Das hieß, er kannte sich gewissermaßen zweifac
unfertige, hinfällige, widerborstige und abtrünnig
und als den, wohin er unterwegs war – jedenfalls soiern er
sich besann, ermahnte (sich ermahnen ließ) und „in sich
ging". Der Mensch stand mit sich selbst im Dialog – zweifellos
mit der Gefährdung, im unbarmherzigen Verhör zu stehen,
womöglich allzu abschätzig von sich zu denken, auch mit einer übrigens vertrackten Neigung zu Sündenstolz und bloß
geheuchelter Zerknirschung. (Doch solche Schattenseiten
müssen uns nicht mehr beschäftigen, die sind seinerzeit genug
gegeißelt und bespöttelt worden und sind abgetan.)

Hingegen jener „letzte Mensch" – was bekämen wir zu hören,
wenn wir ihm davon erzählten? Verstünde er, wovon die Rede
ist? Wie denn? Ihm fehlt ja nichts! Er ist am Ziel, lebt glücklich, komfortabel und zufrieden, mit sich selber einig und im
reinen. Ab und an *hat* er Probleme, das allerdings – aber das
Problem zu *sein*…? Was für ein verdrehter Gedanke! –
„Lebenskönnerschaft?" –

„Die Lebenskönner, das sind wir", sagt der letzte Mensch
und blinzelt.

Und vielleicht wird er sagen:

„Ja, ja, früher, die Menschen haben es sich schwer gemacht.
Man hat sie dazu gezwungen. Aber uns zwingt niemand
mehr. Wozu sollten wir uns also das Leben schwer und
sauer werden lassen? Tun wir nicht alles, um es uns *leicht*
zu machen? Alle diese erhabenen alten Ideen vom »guten«,
»aufrechten«, »besonnenen«, schlimmer noch: »weisen
Menschen« – was ist damit anzufangen? Ist dein prächtiger
Mensch nicht unbequem? Sich selbst und für die andern
auch? Und ist es nicht bequemer, wenn man es *bequem*

ιat? Du möchtest gern *groß* vom Menschen denken, wie? Aber was sagst du, wenn wir dir sagen: Wir sind von allem Größenwahn geheilt? Wir sind bescheiden geworden. Wir wollen gar nicht »hoch hinaus«. Hier ist unsere Ecke, hier sind wir Mensch, hier dürfen wir es sein und wollen wir es bleiben."

Und nun? Was antworte ich?

Nichts. Ich belasse es dabei, skizziert zu haben, daß und warum für den Heutemenschen Tugend, Lebenskönnerschaft und Weisheit verlorene Begriffe sind. Friede seiner Psyche! Für ihn *schläft* die Tugend, lassen wir sie schlafen.

Ich habe allerdings – jedenfalls für mich und uns – einen Trost bereit. Ein dialektisches, hoffnungsvolles Wort von demselben Nietzsche, der einerseits den „letzten Menschen" kommen sah, der auf der andern Seite aber an den Menschen *glaubte*, an seine Wiederkehr, sein Erwachen, daran, daß er sich neu *entdecken* würde, und, wenn er sich verloren hat, *auf die Suche nach sich* ginge. Nietzsche:

„*Schlaf der Tugend.* – Wenn die Tugend geschlafen hat, wird sie frischer aufstehen."

Noch schläft sie. – Doch wirklich? *Schläft* sie nur?

Womöglich ist es schlimmer: womöglich *schlummert* sie nur für die Schläfrigen – für einige der wenigen jedoch, die wach sind, hell und aufmerksam, ist sie ... *ent*schlafen. Das ist der ernstere Aspekt. Daß sie den Massen „unbequem" ist, daß sie Herrn Omnes Umstände macht, die er nicht liebt, das alles ist harmlos im Vergleich, und wir könnten uns in der Tat beruhigen damit, daß das Außerordentliche schon immer nur für die Außerordentlichen Wirklichkeit und Anspruch war.

Was aber, wenn *die Besten*, wenn die Besonnenen, die Weisesten selbst sie abgespannt hätten?

Was ist, wenn die Nachdenklichen und die Klügsten Bedenken anmelden, Zweifel äußern und an die Sache nicht mehr glauben?

Wenn – um unter ihnen einen um seine Stellungnahme zu bitten – Peter Sloterdijk erklärt ...

„Ich beobachte, wenn ich an Europa denke, einen Kontinent, dem man aus zahlreichen Gründen ansieht, warum er in einer merkwürdigen Paralyse dahintaumelt. Ich habe lebhaft die Gründe vor Augen, warum es im Moment nicht möglich ist, eine Idee des guten Lebens in europäischen Ausdrücken neu zu formulieren. [...] Wir stellen [heute] fest, daß wir spirituell nackt sind. [...]
Uns fehlen die Mittel, eine Idee des guten Lebens in einer Offensivsprache neu zu formulieren."

... gut, wenn Sloterdijk dieses traurige Resümee zieht, könnten wir uns noch damit beruhigen, daß er die Verfassung des kurrenten europäischen Geistes – und damit das Denken und Empfinden der vielen – meint, sich selbst aber nehme er davon aus. Dann und soweit hinderte uns nichts, „die vielen" einfach zu vergessen – sind wir denn Pädagogen oder Volkserzieher? –, um uns statt dessen an ihn zu halten.

Wenn wir allerdings, und jetzt zitiere ich eine andere gewichtige Stimme, bei Theodor W. Adorno das apodiktische Urteil lesen:

„Wer eine Sache verteidigt, die der Geist des Zeitalters als veraltet und überflüssig abtut, begibt sich in die ungünstigste Position. [...] Diese Fatalität muß einbeziehen, wer von der Philosophie nicht sich abbringen läßt. Er muß wissen, daß sie nicht mehr für die Techniken der Bemeisterung des Lebens – Techniken im wörtlichen und übertragenen Sinn – verwendbar ist, mit denen sie so vielfach sich verschränkte."

... wie steht es dann? Werde ich dann wieder, wie das eben noch so tröstlich gelang, darauf verweisen können, daß „die

Menschen" die Neigung vermissen lassen, über ihr Leben nachzudenken und sich für Lebensführungsfragen zu interessieren?

Offenbar nicht. Das Interesse an „Techniken zur Bemeisterung des Lebens" ist ja – eindeutig belegbar – vorhanden! Um mich der Gegenwartssprache zu bedienen: Der Lebensratgeber-Markt boomt. Die Philosophie allerdings, so Adorno, sei für die Bedienung dieses Interesses nicht mehr „verwendbar".

Warum?

Ich werde zwei Philosophen unserer Zeit zitieren, zwei Geister denkbar unterschiedlicher Gestalt; dann wird verständlich werden, warum. Die erste Stimme ist die Robert Spaemanns:

„Sache der Philosophie kann es nicht sein, die Lösungen leichter, sondern die Aufgaben schwerer zu machen."

Was ist dagegen mit den „Lebensratgebern"? Ist ihnen nicht dies eine gemeinsam, daß sie uns mit der Versicherung betrügen – und wie viele lassen sich *gern* betrügen! –, die Dinge *schienen* nur so schwer, wie sie der Ratlose erlebe, weil er sie sich unnötigerweise so schwer *mache*? Ihm habe eben die Einsicht gefehlt, die ihm das Buch, das er gerade lese, zu seiner Freude und Stärkung nun freilich vermitteln werde.

Und welcher Art ist diese Einsicht?

Etwa vom Schlage jenes Spruches, der dem Reisenden der Deutschen Bahn AG im Gang des Intercity-Express zu bedenken gegeben wird (er steht in schöner Kursivschrift unter der Deutschlandkarte):

Nicht weil die Dinge schwierig sind,
wagen wir sie nicht,
sondern weil wir sie nicht wagen,
sind sie schwierig.

Versteht mich nicht falsch! Ich behaupte nicht, ein solcher Satz sei nicht bedenkenswert. Keineswegs! Es mag in mancher Lage hilfreich sein, mit einer solchen Betrachtung zu jonglieren. Auch das gestehe ich gern zu.

Nur eines, im Gegenzug, sollt auch Ihr mir zugestehen: Mit Sätzen diesen Zuschnitts sind die Probleme nicht verstanden, die uns das Leben aufgibt, die Knoten nicht aufgelöst, in die es uns verstrickt, und schon gar nicht ist etwas von der Abgründigkeit begriffen, die uns sogleich ein sogenannter „Klassiker" der Deutschen auftun wird ...

Übrigens glaube ich nicht an die Botschaft, die Sachen seien eigentlich ganz einfach, man müsse sie nur richtig anzupacken wissen. Die Lebenserfahrung läßt mich eher dem realistischen Ton eines Schopenhauer trauen, der einmal bemerkte:

> „Eine uns von Irrtümern zurückbringende Wahrheit [ist] einer Arzenei zu vergleichen, sowohl durch ihren bittern und widerlichen Geschmack, als auch dadurch, daß sie nicht im Augenblick des Einnehmens, sondern erst nach einiger Zeit ihre Wirkung äußert."

Doch zurück. Ich sagte, wir sollten zwei Stimmen hören, die uns erklären könnten, warum die Philosophie nicht dazu „verwendbar" sei, umstandslos das Interesse an „Techniken zur Bemeisterung des Lebens" zu bedienen. Die erste Stimme war die Robert Spaemanns. Hier nun die andere. Als meinen zweiten Zeugen benenne ich Hans Blumenberg:

> „Jede Art von Philosophie kann dadurch definiert werden, daß sie leichte Fragen schwer findet oder schwer macht."

Und nun verzeiht. Ich möchte mich korrigieren und eine weitere, dritte Stimme zur Ergänzung anführen ... – und zwar noch einmal eine Bemerkung Schopenhauers. Was die Sache reizvoll macht: sie ist einem Brief an jenen eben angekündigten „Klassiker" entnommen, der uns gleich beschäftigen wird. Darf ich Euer Einverständnis unterstellen? – Schopenhauer also:

„Der Mut, keine Frage auf dem Herzen zu behalten, ist es, der den Philosophen macht. Dieser muß dem Oedipus des Sophokles gleichen, der, Aufklärung über sein eignes schreckliches Schicksal suchend, rastlos weiter forscht, selbst wenn er schon ahndet, daß sich aus den Antworten das Entsetzlichste für ihn ergeben wird. Aber da tragen die meisten die Jokaste in sich, welche den Oedipus um aller Götter willen bittet, nicht weiter zu forschen: und sie geben ihr nach ...“

Wir aber – ich und Ihr, die wir uns gerade miteinander brieflich unterhalten – dürfen sagen: Wir nicht! Was uns ehrt, behaupte ich ...

Und nun will ich Euch demonstrieren, was das heißt, was daraus folgt.

Um ein Beispiel bin ich nicht verlegen ...

Wir unterhielten uns über den Ansehensverlust der Tugend. Und leicht mochte der Eindruck entstehen, die Achtung anspruchsvoller Lebensführungsregeln sei von Krethi und Plethi außer Kraft gesetzt worden, gewissermaßen „unten“ wurschtele man sich durch und schwinde der Respekt vor allem Hehren, Hohen, Gültigen und traditionsreich Wohlverbürgten.

Jetzt aber sage ich: Ja, das wäre, wenn es denn so wäre, einfach. Denn „die Sache“, in unserem Falle die Tugend, stünde gar nicht in Frage! Nicht gründlich jedenfalls. Wir dürften sagen: Nun ja, „die Leute“, die verstehen eben nichts davon, es ist schade drum. Und ein gutes Herz machte sich vielleicht die Angelegenheit zu eigen und finge an, darüber nachzudenken, wie sich womöglich auch noch diesen Träumern und Verbummelten ein Begriff vom rechten Leben beibringen ließe ... Die Angelegenheit wäre glimpflich aufs pädagogische Gleis verschoben, und man könnte sie auf sich beruhen lassen; vor allem dürften *wir* beruhigt sein. Wir dürften sagen: Wir glauben an die Sache – „die da“ nicht. Nun, schlimm für „die da“.

Wie aber, wenn einer, der unseren Respekt zu Recht genießt – ich zumindest respektiere ihn wie keinen zweiten! –, wenn einer, der sich an Nachdenklichkeit so leicht von keinem andern überbieten ließ, ein Großkopf unter allen vorzüglichen Köpfen, wenn also – um mit dem Namen, den ich inzwischen mehrfach angekündigt habe, nicht länger hinter dem Berg zu halten –: Meister Goethe lebenspraktisch wie „theoretisch" hinter die verbürgtesten Regeln der Tugend ein Fragezeichen setzte? Was dann?

Mehr noch (oder schlimmer noch? – das ist die Frage …): Dieser Lebensmeister bestritt der Tugend nicht allein die lebensleitende Bedeutung, er mißtraute ihrer Aufsicht, und sein Argwohn griff sie gründlich, nämlich *im Prinzip* an! Das ging so weit, daß er eben jenen Mächten, die, wenn nicht zu bändigen und zu zähmen, so doch zu beruhigen und kontrollierend einzuschränken Amt der Tugend war, *mehr* vertraute als der lebenspraktisch aufsichtshabenden Vernunft, mehr auch als der heilig-ehrwürdigen Institution, die dem labilen Wesen Mensch zu seinem Besten Boden, Rahmen, Richtmaß war.

Ja, was Meister Goethe sich erlaubte, ging *noch* weiter und kommt in Lebensorientierungsfragen einer – das Wort ist mit Bedacht gewählt! – *Revolution* gleich: Die höchste Instanz, die sich der Mensch bis dato denken konnte, die er nicht nur „dachte", sondern verehrte, die er angebetet hat, bekommt Konkurrenz – und welche! Ihr werdet es lesen: Phallus, das erigierte Glied! Das Ding, der stramme „Knecht" regiert und arrangiert und fügt und leitet, und als moralische Lektion wird ganz zuletzt gezogen: *Er* habe die Tugend „gerettet" …

Ich übertreibe nicht, wenn ich sage: Die Welt, so wie sie stand, wird von Goethe auf den Kopf gestellt.

Und der Philosoph hat Grund, sich die Sache anzuschauen. Denn (ich zitierte): Seine Sache ist es nicht, die Lösung leichter, sondern die Aufgabe schwerer zu machen. Goethe, mit seiner mehr als eigenwilligen Antwort auf die Frage, was Lebenskönnerschaft sei, kommt mir darum gerade recht ...

Doch damit verlasse ich Euch für eine Weile und überlasse ich Euch den Text im Anhang (S. 167), überschrieben:

„Der gescheiterte Ehebruch – oder: Liebe und Moral."
Untertitel: *„Philosophische Phantasie und abschweifender Umweg zur Mitte eines geheimgehaltenen Gedichts von Meister Goethe:* »Das Tagebuch«.*"*

Selbstverständlich hätte ich den Essay auch hierher setzen können, doch da ich die (schlechte) Gewohnheit oder das Laster einiger Leser (vor allem Leserinnen ...) kenne, in Büchern ans Ende vorzublättern, dachte ich mir, es wird gut sein, dort hinten etwas Eigenständiges zu „deponieren", einen kleinen Text, den man in der Tat für sich lesen kann. Übrigens verspreche ich: Trotz aller Gedankenfracht, die ich ihm aufgeladen habe, liest er sich recht unterhaltsam.

Also – blättert nur ans Ende! Doch dann kommt wieder! Denn was aus alledem folgt, wird hier, im weiteren Text ermittelt, das machen wir gemeinsam miteinander aus, in brieflicher Unterhaltung gewissermaßen.

Ich meinerseits werde morgen, während Ihr gut mit Lektüre versorgt seid, meinen Brief an Euch unterbrechen und eine lange Wanderung unternehmen. Ich werde mir einen Tag „frei nehmen", das wird dem Fortgang zugute kommen. Nichts gedeiht, was pausenlos betrieben wird. Bis übermorgen also!

Nun? Darf ich fragen? War Euch Euer „Klassiker" bekannt? Habt Ihr bemerkt, was da gärt und brodelt?

Ich sage Euch, Meister Goethe war ein imposantes Monster. Im Alter, im Gespräch mit Kanzler von Müller, hat er seine Auffassung in einen einzigen lakonischen Satz gefaßt und ihn höflich, wie er einmal ist, mit einem Fragezeichen verziert:

„Was ist die Tugend anderes als das wahrhaft Passende in jedem Zustande?"

Verbliebe als das einzige Problem:

Was ist das jeweils „wahrhaft Passende"?

Es gäbe keine jederzeit für jedermann taugliche Regel, nichts Allgemeines, für alle Verbindliches. Oder aber: Die mitteilbare Regel wäre nur das wenigste, der Rahmen allenfalls, der Spielregel vergleichbar, die – nehmen wir Schach als Beispiel – festlegt, welche Figuren welche Schritte absolvieren dürfen, wie „en passant" geschlagen wird usw. Aber niemand, der die Regeln des Schachspiels kennt, ist deshalb schon am Brett ein „Könner". Was macht also dort den Meister? (Ich frage nach dem „Meister", denn ich hätte für das geplante Buch ebensogut den Titel „Lebensmeisterschaft" wählen können. Der Könner ist Meister, der Meister Könner. Doch nach dieser eingeschobenen Bemerkung noch einmal die Frage:) Was „macht" den Meister oder Könner des Schachs?

Könnten wir nicht – mit Goethe – sagen: daß er den jeweils „wahrhaft passenden" Zug kennt?

Ich denke, wir können.

Doch weiter:

Woher kennt er den?

Antwort:

Er kennt ihn, wenn er ihn kennt, indem er ein Kenner und Könner des Spiels, also ein *guter* Spieler ist.

Nächste Frage:

Und wie wurde er dieser Kenner und Könner, also „gut"?

Antwort:

Indem er schon viele Spiele bestand, viele verlor, viele gewann; indem er *geübt* hat; dadurch, daß er anderen, vor allem besseren Spielern bei vielen ihrer Spiele zugesehen und ihre Züge zu verstehen versucht hat; geholfen hat ihm, daß er in zahllosen Situationen zahllose Möglichkeiten erwogen und Alternativen bedacht hat; daß er „Theorien" studiert hat – zur Eröffnung, zum Stellungsaufbau, über das Endspiel –; daß er sich in Schachaufgaben versenkt hat; eventuell, daß er anderen ein Schachlehrer war. Außerdem wird er ein einfallsreicher Kopf sein und Phantasie besitzen müssen, was ihm erlaubt, sich in die Lage seines Gegners zu versetzen: so ahnt er die Finten und Fallen, die ihm sein Gegenüber stellen möchte, und kommt er ihnen zuvor – usw. usf. (Das Zusammengetragene mag für den Augenblick genügen, sofern klar geworden ist, daß mir einzig daran lag, beispielhaft aufzuführen, was sich sehr viel länger und detaillierter aufzählen ließe.)

Ihr glaubt hoffentlich nicht, ich sei vom Thema abgekommen. Im Gegenteil! Angeregt, vielleicht auch aufgeregt durch Goethes „Tagebuch", das vermeintlich „moralische Gedicht", taucht nämlich ein Problem auf, das es in sich hat. Ich behaupte, wer vorgibt, über Lebenskönnerschaft nachzudenken und hier nicht stolperte, wäre überführt: Der schliche sich am eigentlichen Thema vorbei. Dieses Problem, als Frage vorgetragen – scheinbar leicht, in Wahrheit ein Abgrund … –, lautet:

Was macht es, daß einer Könner oder Meister ist?

Das ist *die* Frage – ob wir sie nun im Blick auf gute Schachspieler stellen oder ob es darum geht, wie das Leben gut eingerichtet und bestanden oder einer ein Lebenskönner wird. Einerlei – es ist *die* Frage, und sie lautet:

Was macht es, daß einer *gut* ist?

Ich zitiere noch einmal Herrn von Goethe. Mit seinen Worten heißt die Frage:

Wie kommen „das Vortreffliche, die Tugend, das Ausnehmende" zustande, von denen er zu Recht sagt, daß sie „die Ausnahme, nicht die Regel, in der Welt" sind?

Erinnert das so gestellte Problem nicht an die Frage, wie es sich erkläre, daß der eine – was selten vorkommt – ein *Genie* ist, der andere hingegen – wie die meisten, denn das ist der Normalfall – eben nicht?

Ich gebe zu, bisher habe ich nur behauptet, daß wir damit auf *die* Frage gestoßen sind – im Bild geredet: In dieser Frage hängt das Problem der Lebenskönnerschaft wie im Scharnier, um diese Frage dreht es sich. Doch, wie ich eingestand, vorerst ist dies Bild nicht mehr als eine Behauptung. Also will ich erläutern, wieviel von der Entscheidung dieser Frage abhängt. Ihr müßt mir allerdings einige Umständlichkeiten durchgehen lassen.

Rekapitulieren wir: Was war die Frage, die mich veranlaßte, das Goethe-Gedicht anzuführen und zu kommentieren?

Es war der Argwohn, die Tugenden, mit denen die Alten das Gutsein des Menschen beschrieben, seien nicht nur sprachlich veraltet, und nicht nur „der Mann auf der Straße" wisse nichts mehr damit anzufangen, sondern die Nachdenklichen und Besten hätten sie ausgehebelt und ihnen als dem Kanon des richtigen Lebens den Kredit entzogen. Gab uns Meister Goethe für diesen Vorgang nicht ein hervorragendes Beispiel? Traditionell hat jeder gesagt: Die Treue ist eine Tugend. Was heißt das im geschilderten Fall, also in der Versuchung zum Ehebruch? Der „tugendhafte", der gute Mensch widersteht. Er hält sich an die Devise, die – wenn ich mich recht entsinne – Oscar Wilde formulierte: „Ich stecke voller Laster, mache nur keinen Gebrauch davon." Die Idee war:

Die Festigkeit der Gesinnung bewahrt vor dem Fehltritt. Und Goethe?

„Denn zeigt sich auch ein Dämon, uns versuchend,
So waltet was, gerettet ist die Tugend."

Da möchte man mit Nietzsches Spott kommentieren:

„Und andre gibt es, die heißen Tugend das Faulwerden ihrer Laster."

Weiter! Wir blieben bei Goethe und seiner allgemeinsten Bestimmung, die Tugend sei das „wahrhaft Passende in jedem Zustande". Das war nun allerdings eine Formulierung, die sich nicht nur sehr passend an die Geschichte vom gescheiterten Ehebruch anschloß – „Meister Iste" hat sich in der Tat sehr angemessen verhalten und als „tugendhaft" erwiesen, indem er (im konkreten Fall) gerade *nicht* „tüchtig" war ... –, sondern die sich ebenso passend als erste und alles zusammenfassende Bestimmung von Lebenskönnerschaft aufstellen ließe: Lebenskönner ist, hieße es dann, wer in jeweiliger Lage das „wahrhaft Passende" kenne und sich entsprechend verhalte. Wäre das nicht ein schöner und brauchbarer Anfang?

Doch dann kam uns die Frage dazwischen: Wie ergibt sich denn das „wahrhaft Passende"? Als die Anwendung einer Regel auf den besonderen Fall? Ist einer Lebenskönner, indem er „weiß", was „das Richtige" ist und sich daran hält? Und ein Lebensstümper – weiß der entsprechend nur nicht, was sich gehört? Oder weiß er es wohl, aber er hält sich nicht daran?

Da sind wir in einen Dschungel von Fragen geraten, und genau darum war es mir zu tun ...

Das Schachspiel kam uns zur Hilfe. Denken wir uns, es fragte uns einer, welches der „beste Zug" im Schachspiel sei. Was werden wir ihm sagen? Doch wohl, das lasse sich nicht entscheiden, das komme darauf an, wie das Spiel stehe.

Und was antworten wir, wenn jemand fragt, was er (nun nicht im Spiel, sondern in seinem Leben) *tun* solle?

Doch wohl, das sei so allgemein nicht zu sagen, es kon
auf an, um was es gehe. Und dann bitten wir ihn, vo
Lage zu erzählen, von dem Problem, das ihn bedrückt
kundigen uns nach der Vorgeschichte seines Dilemmas
muntern ihn, die näheren und weiteren Umstände zu schildern, wir bemühen uns, den Menschen kennenzulernen, der
dieses Problem hat, seinen Charakter, seine Eigenarten, seine
Empfindlichkeiten und Fähigkeiten, seine Schwächen und
Stärken, seine Gewohnheiten und Grundsätze, Überzeugungen und Ansichten – kurz und gut: Wir versuchen, uns so genau und detailliert wie möglich *ein Bild* von ihm und seinem
Fall zu machen, ehe wir wagen würden, ihm zu raten: Tue dies
oder laß das besser.

Und? Erinnert das nicht an den Meister des Schachs, der
anderen bei ihrem Spiel zuschaut und überlegt, was er *in dieser
Situation* unternehmen würde – und damit an Goethes Devise,
der er höflich das Gewand einer Frage umwarf, nämlich: ob
denn die Tugend etwas anderes sei als „das wahrhaft Passende
in jedem Zustande"?

Doch damit stehen wir wieder vor dem Problem: Woher weiß
nun einer, daß dieses oder jenes das „wahrhaft Passende" ist?
Gibt es dafür eine Regel?

Oder, wenn nicht eine, so eben viele – sagen wir: Regeln im
Plural?

Im Falle des Schachspiels ist das klar: Es gibt „falsche"
Züge im Sinne „ungültiger" Züge; das sind solche, die wir
nicht ziehen *dürfen*, insofern sie gegen die Spielregel verstoßen. Und die „richtigen" Züge wären entsprechend alle, die
nicht gegen die Regel verstoßen. Aber: Das sind eben noch
nicht die *guten* Züge. Und ein Meister wird sagen: Der Zug,
den du da gezogen hast, war zwar erlaubt, doch er war *falsch*.
Warum? Weil es einen *besseren* gegeben hätte. Eventuell kann

…r sogar sagen: „Schau mal, *dies* ist der einzig *richtige* Zug in deiner Lage."

Soweit sieht es so aus, als biete sich das Schachspiel tatsächlich als glänzendes Beispiel für Fragen der Lebenskönnerschaft an. Ein Lebenskönner ist ja nicht schon der, der ausschließlich tut, was er darf. Das kann ein Langweiler sein, ein Spießer, ein Pedant.

Genausowenig werden wir sagen, ein Lebenskönner sei schlicht der, der sich an das jedermann Gebotene halte. Wir mögen ihn dafür loben, im Grunde aber erwarten wir solche Korrektheit als „selbstverständlich", so wie wir erwarten, daß einer, mit dem wir spielen, nicht mogelt. Soweit handelt es sich noch um eine Frage der Regeln, moralischer Gebote, Pflichten, um Vorschriften, die „der Anstand gebietet", um „Üblichkeiten", die zu beachten sind, usw.

Lebenskönnerschaft aber meint mehr: nämlich verstehen, *gut* zu leben – und wäre das dasselbe, was einer meint, der sagt, der Meister des Schachs verstehe, *gut* zu spielen?

Nun müßt Ihr mir erlauben, die Schraube eine Umdrehung weiter zu drehen. Das „macht" zwar, wie man sagt, die Sache nochmals „komplizierter" – aber das ist nicht mehr als eine Redensart: Sie *ist* komplizierter. Also …

Die Schraube? Das ist Goethes Satz, der uns inzwischen vertraut ist: Die Tugend sei im Grunde „das wahrhaft Passende in jedem Zustande". Die erste Frage, die wir hatten, hieß, was denn nun das jeweils „wahrhaft Passende" sei?

Jetzt aber drehe ich die schöne Goethesche Sentenz noch einmal um. Ich frage:

Was paßt sich da wem an?

Ist der Lebenskönner der, der „das Richtige" – sei es eine Maxime, sei es ein Grundsatz oder ein Gebot des Anstands – der besonderen Lage gemäß tut? Oder ist es umgekehrt, etwa so, daß der Lebenskönner die „Flexibilität" besitzt, seine Maximen, Überzeugungen und Ansichten von dem, was richtig, gut und erforderlich ist, je nach Lage der Dinge zu modifizieren, eventuell sogar erst zu „finden"?

Ich weiß, das klang schwierig. Darum nochmals, scharf konturiert, als sauberes Entweder-Oder: Was paßt sich wem an? Die Lage – oder der „Zustand", wie Goethe sagte – dem Handelnden oder der Handelnde der Lage?

Haltet Ihr das für eine „theoretische" Frage? Ich nicht! Meint Ihr, die Lage der Dinge sei ja nun einmal so, wie sie sei, verändern lasse sich nur das Verhalten? Dann allerdings wäre Tugend nichts als das Vermögen, sich bedingungslos *anzupassen,* sich *zu fügen, mitzumachen* – mitzuspielen.

Ich gebe Euch ein Beispiel: Ihr seid in „schlechte Gesellschaft" geraten. Das kommt vor. Was nun? Meistert Ihr die Situation, indem Ihr „mit den Wölfen heult" – was, nach dem Diktat der Lage, das „Passende" scheint? Oder sagt Ihr Euch, dies sei nicht die Gesellschaft für Euch – laut: „Ich bemerke, ich bin hier fehl am Platz …" –, und geht?

Sobald wir uns gestatten, uns mit solchen Fragen zu belasten, verliert auch das Schachspiel den Reiz, als Beispiel zu dienen. Am Brett gilt eins: Man darf kein Spielverderber sein. Im Leben hingegen mag es Augenblicke geben, wo nichts anderes geboten ist. Da kommt es darauf an, *was* gespielt wird und *wie* und *wer* da „mit von der Partie ist". Und manche Lage gibt es, da wird jedem, der überhaupt mitspielt, derart *mit*gespielt, daß der Kluge entscheidet: „Hier spiele ich nicht mit!"

Ihr bemerkt, wir stehen noch immer dort, wo wir schon einmal standen, vor der Frage nämlich:

Was macht es, daß einer *gut* ist?

Und meine Behauptung war: Das sei die Frage, um die sich das Problem der Lebenskönnerschaft drehe wie in *einem*

Scharnier. Und mittlerweile – denke ich – ist diese Frage nicht einfacher geworden, sondern nach und nach gewinnt sie an Plastizität, an Hintergrund, läßt sie erahnen, *was* alles an ihr hängt und mit ihr zusammen.

Entsprechend warnte ich vor einigen Umständlichkeiten, die nötig würden, wenn ich erklären wollte, wieviel an der Entscheidung dieser Frage hänge. Dabei war bisher noch alles „Vorgeplänkel", berechtigt zwar, doch bei weitem nicht, was die Tradition an Bedenken damit verknüpfte. Ihr werdet sehen.

Doch für heute: Genug der Theorie! Was ich mir für morgen vorgenommen habe, ist vergnüglicher. Da werde ich von Gedanken *erzählen* können. Ich freue mich darauf.

Fangen wir bei den Griechen an. Denn die kannten das Problem bereits. Und wenn nicht „die Griechen", dann doch einer unter ihnen, und das war: Sokrates.

Für ihn stellte sich das Problem (u. a.) in Gestalt der Frage, ob Tugend „lehrbar" sei oder nicht. Und ich, indem ich diesen Satz schreibe, erschrecke … Warum? Weil diese scheinbar so simple Erkundigung, sobald wir sie in sokratischer Manier untersuchen, ins Bodenlose hinabzieht …

Was soll ich tun?

Ein Vergnügen wäre es, den Dialog „Protagoras" nachzuerzählen – in ihm wird die Frage behandelt –, aber wo käme ich hin? Zwanzig Seiten wenigstens wären fällig, um jenes geniale, ironisch listig vom Alten hin- und hergeführte Gespräch auch nur annähernd zu rekapitulieren. Und schließlich hätte ich außerdem zu erklären, warum dieses dialektische Paradestück, das Sokrates mit dem damals prominentesten Sophisten, mit Protagoras eben, durchexerzierte, zu keinem wirklich greifbaren, soliden, eindeutigen Ergebnis führte. Aber das alles hieße, es mit den Umständlichkeiten übertreiben.

Was tue ich anstelle dessen? – Ich nehme Zuflucht zum Leichtsinn – verkürze, versimpele und spitze zu. Um allerdings mein Gewissen nicht gegen mich aufzubringen, empfehle ich Euch: Lest den Dialog selbst, laßt Euch Zeit dabei, gönnt Euch die Muße, dieses Musterbeispiel sokratischer Unterredungskunst zu genießen. Außerdem gebe ich Euch, hinten im Quellenverzeichnis, einige Literaturempfehlungen – da mag nachlesen, wer die Sache ordentlich, seriös, in gebotener Umfänglichkeit behandelt sehen möchte. Ich hingegen entschließe mich, wie angekündigt, zu einer bedenklichen Simplifikation.

Worum geht's?

Da ist der Sophist, der „Weisheits-Lehrer", Protagoras, der Interessierten Unterricht erteilt und als Service anpreist, seine Schüler zu guten, tüchtigen Menschen zu machen. Im Blick auf unser Thema kann ich getrost sagen: Protagoras empfiehlt sich als Lehrer in Sachen „Lebenskönnerschaft". Und klar ist: Wer Unterricht in Lebenskönnerschaft annonciert, nimmt an, sie lasse sich lehren und lernen. Die Tugend (mit überliefertem Begriff), das Gutsein, die erlangte Bestform, Lebensmeisterschaft und das Erreichen des Menschenmöglichen wären somit eine Angelegenheit der Unterweisung und Belehrung.

Und das ist tatsächlich, ohne daß es uns überrascht, die Überzeugung des Sophisten. Er ist der Prototyp aller „Lebensratgeber". Und *hätte* er recht, verhielte es sich so, wie er die Sache darstellt, dürftet Ihr von mir erwarten, daß ich mich zu seiner überlegenen Einsicht bekehrte. Und Ihr wäret berechtigt, von meinem Brief an Euch zu verlangen, daß darin steht, was Ihr wissen müßt und zu tun habt, um Lebenskönner zu werden.

Natürlich ahnt Ihr bereits, daß diese glänzende und betörende Überzeugung des Protagoras nicht die des Sokrates ist. Und das, obgleich er genau in diesem Gespräch – nachdem er den berühmten Lehrer auf die liebenswürdig-unbarmherzigste Weise aufs Glatteis geführt hat – zuletzt die Einsicht entwickelt, die Tugend sei in der Tat eine Sache des „Wissens". Heißt das nicht, dann sei sie auch „lehrbar"? Sollte man „Wissen" nicht weitergeben können?

Nein, hier ist eine Unterscheidung nötig.

Es gibt nämlich deutlich unterscheidbare Formen des Wissens.

Da ist einmal ein Sach- und Satzwissen: Einer weiß etwas über etwas und drückt das Wissen in Gestalt von Sätzen aus.

Wahr (oder unwahr) ist hier der *Satz*, der richtig oder falsch über eine Sache oder einen Sachverhalt „informiert".

Diese Blume dort ist rot. Stimmt's oder stimmt's nicht? – Schaut hin, dann werdet Ihr sehen, ob der Satz wahr ist. Und wenn ich die Tulpen meine, die vor mir auf dem Tisch stehen und morgen verblühen werden, dann könnt Ihr Euch die zwar nicht ansehen – denn wenn Euch dieser (inzwischen sehr umfangreich geratene) Brief erreicht, werden sie längst draußen im Garten auf meinem Komposthaufen verrottet sein –, Ihr seht sie also nicht, aber ich kann Euch immerhin informieren, ich kann Euch beteuern, daß sie rot sind. Und sofern Ihr mir glaubt (was ich unterstelle), „wißt" Ihr jetzt, daß auf meinem Tisch rote Tulpen standen, als ich diese Zeilen an Euch schrieb.

Soweit: kein Problem.

Wenn nun aber einer von Euch in diesem Augenblick zur Tür hereinkäme, und ich ihn fragte: „Sind sie nicht schön, die Tulpen?" – und er sagte: „Ja, sehr schön. Ein prächtiges Rot!" – und ich ihn fragte, woher er wisse, daß sie „rot" seien, und er dann sagte, das sähe er doch, er hätte schließlich Augen im Kopf und wisse Rot von Grün zu unterscheiden, und ich dann wissen wollte, wie er zu dieser Fähigkeit, Rot von Grün zu unterscheiden, gekommen sei, und er dann zur Antwort gäbe, das *lerne* (!) doch jedes Kind, indem man ihm sage: „Sieh mal, dies ist rot" und „das ist grün" usw., und so habe natürlich auch er gelernt, die Farben auseinanderzuhalten, und ich daraufhin noch eine letzte Frage hätte: „Und wie lernt der Farbenblinde, Rot von Grün zu unterscheiden?" – dann wären wir an einem heiklen Punkt angelangt. Denn den Farbenblinden kann ich wohl ebensogut wie einen andern davon „unterrichten", daß meine Tulpen dort in der Vase rot sind, und er wird – wiederum unterstellt, er glaubt mir – womöglich sagen: „Aha, also rot ...", doch *weiß* er damit auch, was Rot ist? Nein. Ihm fehlt die *Erfahrung*, Farben zu sehen. Er könnte den „wahren" Satz nachsprechen – aber es wäre nicht *seine* Wahrheit, es wäre keine Wahrheit und Wirklichkeit *für ihn*. Er verstünde nicht, was die Bedeutung des Satzes ist. Spräche er mir den Satz nach, „Die Blumen sind rot", redete er, wie es sprichwörtlich heißt, als Blinder von der Farbe: er *wüßte* nicht, was er sagt.

Hat das etwas mit Lebenskönnerschaft zu tun und mit der sokratischen Unterscheidung des Wissens?

Sehr viel sogar. Die Geschichte mit den Farben war freilich nur ein harmloses Beispiel. Laßt mich darum rasch einige andere Beispiele wählen, dann kommen wir bald der Sache näher.

Mit welchen (wahren und richtigen) Sätzen wolltet ihr jemandem dazu verhelfen, *musikalisch* zu sein?

Oder:

Ihr bringt einem Menschen die Nachricht, seine Mutter sei verstorben. Gut, er hört's, er weiß es jetzt (denn er glaubt Euch), er ist „informiert". Soviel ist zweifellos möglich. Doch wenn er nun sagte: „Ja, ja, ich hab' es gehört, aber – ich weiß nicht warum, doch es ist so: ich kann keine Trauer empfinden." Was dann? Er *kann* nicht trauern. Ist es möglich, ihn im Traurigsein zu unterrichten?

Ein anderer sagt, er wisse wohl, er habe allen Grund, sich zu freuen. Aber er freue sich nun einmal nicht. Was unternehmt Ihr in diesem Fall? Wie wollt Ihr ihn „lehren", Freude zu empfinden?

Und wieder ein anderer sagt, er *liebe* das Leben nicht. Wüßte einer von uns ein Argument, das ihn „überzeugt", so daß er sich eines Besseren besinnt und fortan das Leben liebt?

Genug der Beispiele! Es gibt einen Begriff, der jenes Wissen, um das es hier geht, benennt: *Erfahrungswissen*. Und dieses Wissen ist nicht lehrbar, zumindest lernen wir es nicht in

Form von Sätzen, und Informationen erreichen schon gar nichts.

Weiß ich, was Eifersucht ist, wenn ich noch nie die (traurige) Gelegenheit hatte, eifersüchtig *zu sein*? Wer also „lehrt" mich dieses Wissen? Antwort: Was Eifersucht ist, erfahre ich, sobald ich unter ihr leide.

Es ist damit wie mit dem Menschen, der auszog, das Fürchten zu lernen. Man versuchte redlich, ihm zu *sagen*, was zu fürchten sei. Aber er *lernte* es erst, er *konnte* es erst, als er einmal *erfuhr*, was Furcht ist – da *wußte* er es. Niemand vermochte ihn *über* die Furcht zu belehren – die *Furcht hat ihn belehrt*. Und erst jetzt „verstand" er, was es heißt, sich zu fürchten.

Und ich fürchte, schon mit dieser ersten Umständlichkeit sind wir ins Unwegsame geraten, und einige von Euch wissen nicht mehr, wo sie sind. Darf ich darum kurz rekapitulieren?

Es geht um jene Frage, von der ich sagte, an ihr und mit ihr entscheide sich alles, und wenn nicht alles, so doch sehr vieles. Sie lautete:

Was macht es, daß einer *gut* ist – oder wird?

Oder anders:

Auf welche Weise wird einer Lebenskönner?

Oder müssen wir jetzt etwa sagen – wie im Falle dessen, der die Fähigkeit hat, Farben zu sehen, oder der musikalisch ist oder der Trauer und Freude empfinden *kann* –, dem einen sei es gegeben, dem anderen versagt?

Wird einer zum Lebenskönner geboren? Und andere wären „von Hause aus" Stümper und Versager?

Was hätte aus meinem Buch werden sollen, das ich leichtsinnig genug war anzukündigen? Lebenskönnerschaft! Wenn diesbezüglich nichts zu lernen und nichts als Wissen zu vermitteln wäre, weil man entweder Lebenskönner ist oder nicht, was sollte dann ein Buch dazu?

Nun, es hätte noch immer einen Sinn: Es könnte die Einsicht lehren, daß da nichts zu lernen sei. Es würde sagen: Müht Euch nicht, es ist vergebens, ertragt vielmehr, was Euch beschieden ist, seid genügsam, quält Euch nicht mit der Frage, ob nicht doch noch etwas aus Euch werden kann, wenn nichts aus Euch geworden ist. Schickt Euch in das Schicksal, es ist mächtiger als Ihr. Den einen fliegt's zu, die andern krümmen sich und fangen's doch nicht. Cicero: *Vita fert.* So ist nun einmal das Leben. Was klagt Ihr? Habt Ihr eine bessere Welt für uns? Ihr *hättet* es vielleicht gern anders, aber *könnt* Ihr es ändern?

Doch ich sage Euch: Das ist nicht das Resultat, diese Kröte müßt Ihr nicht schlucken. Obgleich … – wollen wir ganz ausschließen, daß einer schon „von Natur" begünstigt sein muß und ihm „von Geburt" an glückliche Anlagen zu eigen, ihm also Gaben und Talente „mitgegeben" sein müssen, damit er es im Leben zum Lebenskönner bringen kann? Ich denke, das können wir nicht. Darum auch liebt Odo Marquard, Skeptiker aus Einsicht in die Endlichkeit unseres Lebens, die Losung, wir Menschen seien „stets mehr unsere Zufälle als unsere Wahl".

Dennoch: Das ist nicht das Resümee, das ich ziehen möchte – jedenfalls nicht nur. Das (vorläufige) Fazit heißt vielmehr:

Auf dem Wege *üblicher* Wissensvermittlung oder mit Informationen, ja selbst mit „Methoden" eines überzeugend argumentierenden Lehrens und Lernens ist nichts auszurichten – jedenfalls nichts, sofern es um Lebenskönnerschaft und Weisheit geht. Hier ist ein anderes „Wissen" gefragt als das, das wir in Gestalt von Aussagesätzen oder Behauptungen über Sachverhalte und Dinge „haben" mögen. Und ich nannte dieses andere Wissen „Erfahrungswissen".

Doch jetzt ist aufzupassen! Allzuleicht kommt uns jetzt einer und erklärt – sehr zu seiner Zufriedenheit, wie wir ihm aus seinem Gesicht ablesen:

„Da sehen wir es ja, alles Studieren und Bücherlesen – und natürlich alles »Philosophieren«! – ist nutzloser Blödsinn und ganz und gar überflüssig: Alles, worauf es ankommt, lehrt allein das Leben selbst!"

Was tun wir? Wir nicken höflich (sich mit diesem Zwischenrufer unterreden zu wollen, wäre am Ende doch nur Zeitverschwendung) und sagen:

„Allerdings lehrt uns das Leben. Soweit haben Sie recht. Das Traurige ist nur, daß sich so mancher als unbelehrbar erweist und die Lektionen *nicht* lernt, die ihm das Leben erteilt."

Soviel dazu. Der Borniertheit keinen Vorschub!

(Unser Zwischenrufer ist gekränkt und geht. Uns ist es recht …)

Doch zurück. Mit dem Zweifel also, dem zufolge dozierbares Wissen die Weisheit nicht befördert, wird nicht dazu eingeladen, *jedes* Wissen zu denunzieren. Bezweifelt wird nur, daß sich Lebenskönnerschaft *dozieren* lasse.

Was aber heißt das, sofern es – nicht nur uns hier im Moment, sondern – der Philosophie überhaupt darum zu tun ist, kein Wissen zu vermitteln, sondern Euch, mich, uns als Menschen zu „erreichen"?

Dann ist es (beispielsweise) nicht genug, eine schöne Theorie der „Sensibilität" zu haben, sondern dann ist die Frage, „wie wird einer sensibel?"

Und das Problem heißt nicht nur, „Was ist gut?", sondern auch: „Wie werde ich gut?"

Und nicht mit dem Lehrstoff „Die Vermögen des Menschen" ist schon alles abgetan, sondern die Frage wird nachgeschoben: „Was vermag ich?"

Und interessant ist nicht allein „Das Wesen der Erfahrung",

sondern ebenso: „Wie werde ich ein erfahrener Mensch, der sich mit dem Leben auskennt?" usw.

Aristoteles – der, wäre er Staatsmann und nicht Philosoph gewesen, „Aristoteles der Große" hieße (soviel ist sicher) – hat entsprechend und mit ein wenig didaktischer Übertreibung beschieden:

> „Wir wollen nicht wissen, was Tapferkeit ist, sondern wollen tapfer sein, und nicht, was Gerechtigkeit ist, sondern gerecht sein – genauso, wie wir auch lieber gesund sein wollen als erkennen, was gesund sein ist …"

Philosophie, die einer solchen, vielleicht der anspruchsvollsten Aufgabe gewidmet ist, gibt sich beispielsweise mit Fragen des folgenden Typs zu erkennen. Ich zitiere Paul Feyerabend:

> „Was hilft ein Argument, das die Leute kalt läßt?"

Ein entsprechender Aphorismus von Hans Kudszus lautet:

> „Wo wir ein Hirn nicht überzeugen können, haben wir ein Herz nicht zu bekehren vermocht."

Hört Ihr heraus, wie dieser Ton das Problem räsoniert, das unsere Frage ist? So redet, wer sich fragt, wie einer gut wird – oder was den Weg zur Lebenskönnerschaft bereite. Und ich erörtere im Moment, welche Art „Wissen" oder Philosophie oder Philosoph im Hinblick darauf hilfreich ist.

Vielleicht klärt nichts so zwanglos darüber auf wie eine Geschichte, die uns Xenophon („Erinnerungen an Sokrates") erzählt hat. Darum erzähle ich sie nach. (Ihr werdet sehen, es wird ein unterhaltsamer Einschub, wie Sokrates im Grunde immer „unterhaltsam" ist …)

Sokrates, erklärt Xenophon, habe mit seinen Ansichten über die Gerechtigkeit nicht zurückgehalten – er habe sie mit der Tat bewiesen. Er habe „gelehrt", was Gerechtigkeit ist, indem er gerecht gewesen sei. Als ihm beispielsweise die dreißig Tyrannen, die seinerzeit Athen terrorisierten, den Befehl erteilten, einen unschuldigen, bei den Herren allerdings in Ungnade gefallenen Athener herbeizuschaffen und zur Hinrichtung auszuliefern, verweigerte er – als einziger übrigens – den Gehorsam. Kommentarlos blieb er zu Hause. Dies und einiges andere Lobenswerte wird von Xenophon berichtet; dann lenkt er zu jener Anekdote über, die ich Euch hier zitieren möchte.

Seinerzeit, sagt er, sei Hippias zum Kreis der Schüler dazugestoßen. Der habe den Alten eines Tages angetroffen, wie er im Kreise seiner Freunde darüber sprach, daß eine Sache doch „sonderbar" sei: Zwar wisse man, „wohin man einen schicken könne, wenn man ihn als Schuster, Zimmermann, Schmied oder Reiter ausbilden lassen wolle", „in Verlegenheit" gerate man aber, sobald man überlege, „wo man hingehen müsse, wenn man selber das Gerechte lernen wolle oder wenn man einen Sohn oder Sklaven in der Gerechtigkeit unterrichten lassen möchte".

(Nicht wahr? Hier haben wir die Frage wieder, wie Tugend lehrbar sei – und ob überhaupt …)

Da meldet sich nun der junge Hippias zu Wort, noch ein Neuling in der Runde, und demonstriert erst einmal, was für prächtige Fortschritte er gemacht hat. Wie geht das? Man gestattet sich, eine gewisse Arroganz an den Tag zu legen …

Ob er noch immer das gleiche Thema am Wickel habe, will er von Sokrates wissen. Es komme ihm so vor, als habe er den großen Meister schon mehr als einmal davon reden hören. Er fange offenbar an, sich zu wiederholen …

Selbstverständlich ist der Alte durch solche Überheblichkeit – die sich selbst sehr ernst nimmt, während der Alte sie sicherlich als Schülervorrecht toleriert hat – nicht aus dem Konzept zu bringen. Mit herzlicher Ironie nimmt er sich den Bengel vor und erlaubt sich dabei, den Jungen ein bißchen an der Nase herumzuführen (was lustig genug ist, was ich jedoch überschlage).

Schließlich erklärt Hippias mit unüberhörbarem Stolz, er habe über die Gerechtigkeit und das Gerechte etwas herausbekommen, dem weder er, Sokrates, noch sonst jemand widersprechen könne.

Da habe er ja „einen herrlichen Fund" gemacht, gratuliert ihm der Meister. Das sei ja wunderbar! Von jetzt an könne man sich in Athen ja darauf freuen, daß „die Richter aufhören, sich widersprechend abzustimmen", selbst die Bürger hätten von nun an keinen Grund mehr, darüber zu streiten, was Gerechtigkeit sei, sicherlich würden jetzt auch die ewigen Prozesse ein Ende haben, es werde keine Aufstände mehr geben, ja, wenn man es recht bedenke, dürfe man sogar erwarten, daß die Staaten aufhörten, Kriege zu führen! Phantastisch! Unglaublich! Also soviel sei wohl klar, Sokrates werde ihn, Hippias, den Schüler, auf den er stolz sein dürfe, nach dieser wundervollen Nachricht keine Ruhe lassen, bis er ihm und den anderen in der Runde seine große Entdeckung mitgeteilt und er sie alle überzeugt habe. –

Aber so will nun Hippias wiederum nicht gewettet haben, denn was Sokrates mit den Leuten veranstalte, wenn er sie einmal zu fassen bekomme und mit seinen Fragen zu löchern beginne, das sei ihm mehr als geläufig.

Das kenne er zur Genüge, sagt er, wie sich Sokrates einen Spaß daraus mache, die anderen lächerlich zu machen, indem er sie ausfrage und dann, schön Schritt für Schritt, in Widersprüche verwickele und schließlich widerlege, während er selbst keinem Rechenschaft ablege und seine eigene Meinung niemals über irgend etwas äußere. Das also solle diesmal anders sein. –

Soweit der Schüler ...

Und nun Sokrates:

„Wie, Hippias, hast du nicht bemerkt, daß ich nie aufhöre, an den Tag zu legen, was ich für recht halte?"

Hippias daraufhin:

„Und wie ist dein Reden darüber?"

Sokrates:

„Nicht durch Worte, sondern durch die Tat lege ich es an den Tag. Und ist die Tat nicht ein besserer Beweis als das Wort?"

Ich gestatte mir die Ergänzung: Nicht nur ist sie der „bessere Beweis" (das ist sie womöglich nicht einmal) – vor allem ist sie die „überzeugendere Lehre". Darum geht es, und darum ging es mir mit dieser Nacherzählung: Die Schüler des Sokrates machten *eine Erfahrung*, an einem beeindruckenden, lebenden Beispiel *sahen* und *erlebten* sie, was Lebenskönnerschaft ist, sie *erlebten es mit*, und das blieb nicht ohne Wirkung. Sokrates wirkte – um die Zitate von eben wieder aufzunehmen –, sofern er „die Herzen bekehrte", was erst die Köpfe bereit machte, „Argumente" in der rechten Weise sich zuzueignen. Was er sagte, gewann Gewicht, indem es die Leute „nicht kalt ließ".

Kurz: Die Person beglaubigt die Sache.

Und das gilt nicht nur für ihn, das gilt so für alle „maßgebenden Menschen" (wie Jaspers sie nannte), für Konfuzius, für Buddha, für den Nazarener, für Franz aus Assisi und für andere, denen wir eine Vorstellung vom Menschenmöglichen verdanken, indem sie *waren*, was sie *sagten*, indem – es ist nicht nötig, die Anspielung zu scheuen – ihre Worte *Fleisch wurden*.

Soviel als der ersten Umständlichkeit zweiter Teil.

Und nun – was ist? Soll ich diesen Brief an Euch beenden und mich statt dessen an die Arbeit machen, ein ordentliches „Buch" zu verfassen, in dem dann Regeln und Merksätze und allerlei sinnige Sprüche stünden, wie man ein Lebenskönner wird …? Meint Ihr, das ginge? Glaubt noch einer, so ginge das?

Dies, Ihr Lieben, war, wie angekündigt, die erste Umständlichkeit in zwei Teilen. Ihr habt sie hinter Euch. Und ich wäre froh, wenn ich Euch beruhigen könnte und sagen dürfte: es war die letzte. Leider war sie es nicht ... – Gute Nacht!

Immerhin, ich denke, es ist einiges erreicht. Außerdem sind die Exkurse, mit denen ich Euch behellige, in Wahrheit keine „Unterbrechung" und eine „Ablenkung" schon gar nicht, sondern selbstverständlich gehören sie zur Sache selbst. Soll ich – darf ich – noch einmal kurz und scharf sagen, was (u. a.) Resultat des gestrigen Tages war? Wer sich getraute, umstandslos und unerläutert Lebenskönnerschaft zu „lehren", wer einfach ein paar nett drapierte Anweisungen nach Lebensratgebermanier zusammenstellte, wäre *Sophist* – nicht Philosoph. Und das schlimmste ist, daß nicht selten die Sophisten mit Philosophen verwechselt werden. Ich weiß, was ich Euch zumute. Ich biete Euch keine fertigen Gedanken, die Ihr einstreichen könntet. Sondern ich bemühe mich, mir mit Euch gemeinsam ein Problem zuzubereiten. Das ist „umständlich"; allerdings. Geht Ihr aber mit, werden wir ein Abenteuer des Denkens miteinander bestanden, eine wirkliche Einsicht gewonnen und philosophiert, d. h. *nachgedacht* haben. Wir werden Kants Devise des aufgeklärten Menschenstolzes wahrgemacht und uns „unseres eigenen Verstandes" bedient haben, was die Würde und Ehre des aufgeklärten Menschen ausmache.

In diesem Sinne: die zweite Umständlichkeit. (Danach werdet Ihr Euch bei der Lektüre zweier Erzählungen erholen können, die ich mir vorgenommen habe.)

Die Tugend oder das Vermögen, das Leben vortrefflich zu führen, mit einem Wort: *gut zu sein*, ist also keine Weise, die sich als „Wissen" vermitteln ließe, und es gibt keine Wissenschaft der Lebenskönnerschaft – soviel sahen wir. Man lernt es nicht, wie man *Sätze* lernt, die man hört oder liest. Wer wird Schach „aus Büchern" lernen? Wer's lernen will, der muß ans Brett, der muß Erfahrungen machen. Er lernt, indem er's tut: *Learning by doing*. Eine populäre Wendung.

Um bei Gelegenheit eine Unterscheidung nicht zu unterschlagen, die hierher gehört: In der „ordentlichen" Philosophen-Philosophie wird sie gegenwärtig sehr geschätzt. Man hält das „know-what" und ein „know-how" auseinander. Ersteres läßt sich als Information aufarbeiten und lernen, letzteres ergibt sich durch Übung. Es ist der Unterschied zwischen „Ich weiß, daß …" und: „Ich kenne mich aus". Der Lebenskönner aber ist nicht der, der „etwas weiß", sondern der, der sich „auskennt" – mit dem Leben nämlich. Nicht daß er weiß, was dieses oder jenes „ist" oder wie es mit diesem und jenem „sich verhält", macht ihn zum Könner des Lebens – das gehört allenfalls auch dazu –, sondern daß er weiß, „wie es geht".

Den *Kenner* erkennen wir daran, daß er eine Sache *kennt*. Den *Könner* daran, daß er sich *mit* einer Sache *auskennt*.

Mit vertrautem Wortspiel: Wenn wir vom Lebenskönner sagen, er „kenne" das Leben, meinen wir nicht, er habe die (neuerdings beliebten) „Lebenswissenschaften" studiert, sondern wir attestieren ihm, er komme mit dem Leben „zurecht" – und zwar gut, vortrefflich, beispielhaft und vorbildlich.

Zur Ergänzung drei Zitate. Das erste, Ludwig Wittgensteins „Philosophischen Untersuchungen" entnommen, enthält einen Wink, der darauf hinweist: Wir sind mit unserer Frage nach der Lebenskönnerschaft unterwegs zur Mitte der Philosophie:

„Ein philosophisches Problem hat die Form: ›Ich kenne mich nicht aus.‹" – und nicht die Form: ›Was ist das?‹
Für den Fall, daß Ihr denkt, das sei eben so eine der exzentrischen Provokationen des späten Wittgenstein, ein hübsches Bonmot, aber nicht zu verallgemeinern, füge ich zu seiner Unterstützung eine entschiedene und alles andere als beiläufige Bemerkung an, deren Autor der vielleicht strengste und unter den Großen der Tradition der „wissenschaftlichste" von allen

war: Immanuel Kant. In seiner „Anthropologie in pragmatischer Hinsicht" heißt es:

> „Was den Philosophen betrifft, so kann man ihn gar nicht als Arbeiter am Gebäude der Wissenschaften, d. i. nicht als Gelehrten, sondern muß ihn als Weisheitsforscher betrachten."

In dieselbe Richtung deutet das dritte Zitat, ein Fragment von Novalis. In seinem Sinne ließe sich sagen: Indem wir nach dem Lebenskönner fragen, sind wir zugleich einer anderen Frage auf der Spur, und die lautet: Wer ist Philosoph? Denn wirklich war – von Anfang an – die eigentliche philosophische Frage, wie recht zu leben sei. Novalis:

> „Wer weiß, was Philosophieren ist, weiß auch, was Leben ist, und umgekehrt."

Zuviel zitiert?

Ich weiß, solche von andern ausgeliehenen Sätze „beweisen" nichts; das sollen sie auch nicht. Aber sie haben mir hoffentlich geholfen, zu einer feinen und anspruchsvollen Differenz überzuleiten, die mit großen, traditionsreichen Worten benannt wird. Sie lauten: *Wissen* und *Weisheit*.

Und an dieses Wortpaar, verzeiht mir, knüpft sich nun die zweite Umständlichkeit, die nötig wird. Denn hier stellt sich eine Alternative, die gegenwärtig eine bedeutende Rolle spielt und manche Gemüter verführt.

Die andere Variante nämlich, die zur Zeit viel Zuspruch findet, lautet: *Wissen* oder *Kunst*.

Auch diese Unterscheidung, soviel sei zugestanden, hat – auf den ersten Blick – viel für sich. Hattet Ihr nicht schon längst erwartet, daß das Wort „Lebenskunst" fällt, da es doch (beinahe) in aller Munde ist?

Ist nicht Lebenskönnerschaft – ein nicht nur ungebräuchliches, sondern auch umständliches Wort – letztes Endes dasselbe wie Lebenskunst?

Ist nicht, Schach zu spielen, wenn man es denn *gut* versteht, ebenso eine „Kunst"?

Und wenn einer erläutern will, daß man zwar Medizin studieren könne, damit aber noch niemand ein *guter* Arzt werde, wird der dann nicht ebenfalls Zuflucht dazu nehmen, gegen die „medizinische Technik" die ärztliche Heil*kunst* auszuspielen?

Und so in vielen andern Dingen: Wird nicht jemand sagen, es ließe sich wohl eine Reihe künstlerischer „Techniken" erlernen, aber zuletzt, wenn es darum gehe, ob einer ein Künstler sei oder nicht, entscheide nicht die lehr- und lernbare Technik, sondern vielmehr das *künstlerische* Vermögen?

Und wird man nicht auch da erklären, es seien zwar Voraussetzungen nötig (Begabung, Talent, Bereitschaft zu lernen, Fleiß, Interesse, Beharrlichkeit), aber letztlich entscheide, ob einer es „ist" oder nicht – Künstler nämlich?

Ich gestehe: Bisher bedrängte mich die Sorge, ich könnte *Euch* mit den Umständlichkeiten, die ich für unerläßlich halte, lästig werden. Jetzt hingegen geht es um einen Umstand, der *mir* lästig ist … Denn mir bleibt keine Wahl, wohl oder übel muß ich mich dazu äußern, warum ich von Lebenskönnerschaft rede und nicht von Lebenskunst (oder modisch von „Ästhetik der Existenz"). Übrigens ist mir die Angelegenheit lästig, weil ich persönlich in sie verwickelt bin – ich berichte davon kurz, dann habe ich es hinter mir …

Euch wird nicht entgangen sein, daß seit etlichen Jahren das Thema „Lebenskunst" Konjunktur hat. Ein wohlangesehener Frankfurter Verlag betreibt seit kurzem sogar eine „Bibliothek der Lebenskunst". Nun, und womöglich bin ich selbst an alledem nicht „unschuldig". Denn, sofern ich die Geschichte der Karriere dieses Begriffs recht kenne (und das denke ich wohl), habe ich, vor vielen Jahren, das war 1986, zur Eröffnung eines philosophischen Kongresses in Österreich, zum ersten Mal für die Rehabilitation der Lebenskunst geworben. Als Titel hatte ich damals schlicht und programmatisch gewählt: „Lebenskunst". (Zur Dokumentation werde ich Euch einen Abschnitt aus jenem Vortrag – gewissermaßen zum Abschluß des Tages – hier einrücken. Immerhin ließe er sich nach üblicher Gepflogenheit heute „historisch" nennen …)

Wenn solche Ausrufe und literarischen Seufzer nicht restlos unmodern geworden wären, würde ich jetzt ein „Ach!" hierher setzen. Ach, ich ahnte damals ja nicht – wie sollte ich auch? –, was aus der Wiederbelebung dieses Begriffs wenig später werden würde … Es erging ihm, wie allem, was „populär" wird – das Niveau sinkt ab und landet auf dem Markt. Am Ende bleibt dann die Frage, wie man es anstellt, „sich … ein schönes Leben zu machen" (letzter Satz aus einer jüngst erschienenen „Einführung in die Lebenskunst").

„Die Dummheit ist eine Krankheit, welche jede Idee befällt, die populär wird." (Nicolás Gómez Dávila)

Also, wie angekündigt, hier das kleine (hoffentlich unterhaltsame) Kapitelchen aus meinem Vortrag damals. Ich überschrieb es „Der Lebenskünstler". Wenn ich diesen Abschnitt heute – fünfzehn Jahre später – wieder lese, kommt es mir so vor, als ahnte ich irgendwie doch, was aus der Lebenskunst werden könnte, sobald sie „populär" würde.

Und da das für heute erst einmal alles sein wird, sage ich Euch schon jetzt „Gute Nacht!"

Der Lebenskünstler (1986)

Eben dort, wo Lebenskunst nie anzutreffen war, im Trubel und Gedrängele der Leute, die dazugehören, fühlt sich der „Lebenskünstler" wohl in seiner Haut. Er braucht die Stimmung ausgelassener Geselligkeit, in der er als der spritzige, gescheite, lebensfroh prinzipienlose Typ brillieren kann. Also ist er auch, ganz gleich, wo etwas los ist, als erster mit von der Partie. In dieser einen Hinsicht ist Verlaß auf ihn.

Nichts bringt ihn in Verlegenheit. Wo es hinpaßt, weiß er mitzureden, und dabei nutzt er die Gelegenheit, seinem Ruf gerecht zu werden: Er gilt bei seinen Leuten als verblüffender, origineller Kopf. Sein Witz bereitet jede Sache zu, als sei sie nur die Vorbereitung der Pointe. Das ist seine Kunst, Erleichterung zu schaffen: die Dinge bekommen einen Knalleffekt, worin er sie zerplatzen läßt. Gedanken faßt er nicht, er zündet sie und brennt sie ab und sorgt damit für gute Stimmung. Bewundern ihn die anderen, die sich von seinem Einfallsreichtum überrumpeln lassen, als „Stimmungskanone", so ist hinzuzusetzen: Er böllert nur Salut.

Auch die andern militärischen Metaphern übrigens, mit denen man sein Treiben ausdrückt, sind nicht wirklich ernst zu nehmen: Von der „Bombenlaune" – die mehr mit einem Feuerwerk gemein hat als mit einem Sprengsatz – bis zu den „Eroberungen", die er macht, sind die militärischen Epitheta in seinem Falle irreführend. Beispielsweise: Er erobert zwar, aber er besetzt nicht, nimmt nicht wirklich ein. Tatsächlich zu besitzen wäre lästig – denn er weiß, Besitz legt an die Kette. Der Gefahr entkommt er, denn seine Kunst ist, fein heraus zu sein, seine größte Kunst ein effektvoll inszenierter Abgang. Alles Dauerhafte, Regelmäßige und seriös Berechenbare ist ihm konstitutionell ein Greuel. Ebenso das Nützliche, das der kleine Geist im Auge hat als seinen kleinen Vorteil.

Der Lebenskünstler-Standpunkt ist halbierter Wilhelm Busch. „Wer Sorgen hat, hat auch Likör" und „Was beliebt, ist auch erlaubt" – soviel ist geläufig. Aber das ist eben nur der „halbe" Busch. Was da unterschlagen wird, ist der Humorist mit Trauerflor ... „Wer Sorgen hat, hat auch Likör"? Allerdings, so fängt das vorletzte Kapitel an („Die frommen Helene"). Doch am Ende kommt heraus: Wer Likör hat, hat auch Sorgen. Denn Helene greift zur Flasche – da ...

> ... *fällt die Lampe um,*
> *Gefüllt mit dem Petroleum.*
> *Und hilflos und mit Angstgewimmer*
> *Verkohlt dies fromme Frauenzimmer.*
> *Hier sieht man ihre Trümmer rauchen,*
> *Der Rest ist nicht mehr zu gebrauchen.*

– dies wie alles „Wehe! Wehe! Wenn ich auf das Ende sehe!" hat zur Welt des Lebenskünstlers keinen Zutritt; er liebt die Zuversicht auf einen guten Ausgang, seine Parole ist: „Es wird schon werden!" Er denkt „positiv" und setzt zur Sicherheit auf Nummer Sicher: „Wer sich in Gefahr begibt, kommt darin um."

Vor allem aber schult der Lebenskünstler seine Witterung für alles, was ihm den Genuß des Lebens trüben könnte, um ihm aus dem Weg zu gehen. So ist die Frage, wie man's anstellt, zu vergessen und sich nicht heute schon mit morgen zu belasten, konsequenterweise auch die erste Frage des erfolgreichsten der Lebenskunst-Ratgeber, Dale Carnegies „Sorge dich nicht, lebe!" Der Titel des Weltbestsellers ist die Devise jedes Daseinskünstlers, der es darauf angelegt hat, sich möglichst unbehelligt durchzuschlagen. Er ist der Herr des Augenblicks, und dies, indem er an sich selber leer ist. So kann er, was da kommt, ebenso schnell an sich reißen, wie er es wieder fallenläßt, wenn anderes sich bietet. Er hat keinen Inhalt, mit dem ihn solche Wechselwirtschaft in Konflikte brächte.

Den Genaueren und Gründlichen, erst recht den Trauernden, geht er aus dem Weg. Mit denen ist schon gar nichts anzufangen. Die stecken so tief drin, die begreifen sowieso nicht, worauf's ankommt: Was nicht mehr ist, das ist nicht mehr – gelebt wird jetzt, später ist es eh zu spät. Die tautologische Verdoppelung ist seine Masche, jeglichen Gedanken abzuwürgen. Gedanken machen alles kompliziert, Grübeleien bringen niemanden weiter, der Nachdenkliche ist ein Trauerkloß und Trübsalbläser, der versteht es eben nicht, sein Leben richtig anzupacken. Die einfache Devise ist: Wer Sorgen hat, ist selber schuld.

Gibt es trotzdem einmal Schwierigkeiten, tut der Lebenskünstler so, als stelle er sich dumm. Doch im Grunde hat er das nicht nötig, denn seine unerschütterliche Überzeugung ist tatsächlich, daß die Dinge eigentlich ganz einfach sind. Wie die Dinge kommen, wie sie liegen, die Maxime lautet: Sie so nehmen, wie sie sind. Und dann das Beste daraus machen. Das Beste für sich selbst natürlich, denn der schlichte Egoismus ist wie selbstverständlich Grundsatz. Strenggenommen also „macht" er keineswegs das Beste aus der Lage, er schlägt aus ihr das Beste für sich selbst heraus – den Rest, meint er, kannst du vergessen.

„Was wollen Sie? Man muß sehen, wo man bleibt", sagt der Lebenskünstler und blinzelt.

Bergisch Gladbach, Sonntag, der 18. März 2001

Ihr Lieben, mir scheint, das ist der rechte Augenblick für eine Unterbrechung. Habt Ihr nicht auch den Eindruck, daß uns eine Pause guttäte? Niemand kann in einem fort denken, folgern, überlegen, unterscheiden, Konsequenzen erwägen, Stimmen zitieren und Gedanken hin und her bewegen. Und *wenn* er's könnte, kämen uns Bedenken, und wir möchten ihn vielleicht fragen: „Kannst du auch anders?" Die alten Griechen und ihre Weisheit … – ihr *Nichts zu sehr!* Recht hatten sie. Eine unveraltete Maxime kluger Lebensführung.

Übrigens muß ich gestehen, mein Brief an Euch ist mir zuletzt – wie soll ich sagen? – aus dem Ruder gelaufen. Ich habe ihn heute früh noch einmal durchgelesen, alles, Seite für Seite. Mein Eindruck war, als sei er anfangs ruhiger, wie in einem Bett dahingeflossen. Doch dann, nach und nach, kam etwas Atemloses hinein. Stimmt's? Aber wieso? Ich weiß es nicht. Muß ich es wissen? Manches Mal genügt, daß man es merkt und tut, was nötig ist, um Abhilfe zu schaffen. Daran will ich mich halten. Darum mein Vorschlag: Laßt uns eine Pause einlegen und verschnaufen.

Eine sonderbare Situation, jedenfalls für mich hier am Computer – übrigens habe ich heute früh nicht nur nochmals alles durchgelesen, sondern ich habe die verblühten Tulpen hinaus auf den Kompost gebracht –, und sonderbar natürlich auch für Euch. Gibt es das, Pausen in einem Text? Oder doch: Wenn Ihr ein Buch lest, eines, das nach den Regeln der Üblichkeit geschrieben ist, da habt Ihr solche Pausen. Die leeren Zeilen zwischen den Kapiteln, diese gedanklichen Zäsuren, der eine Faden ist abgewickelt, ein anderer wird aufgenommen werden, dann wird, wie man sprichwörtlich sagt, eine neue Seite aufgeschlagen. Das sind die Pausen der Bücher. Oder

Ihr hört eine Sinfonie. Auch da: Pausen. Vier Sätze, dazwischen, als hole die Musik tief Luft oder atme aus: Pausen. Nur im Brief fehlen sie. Ein Brief in mehreren Kapiteln – ist das möglich? Ich zweifle daran. Das wären mehrere Briefe.

Da fällt mir ein Satz ein von Ernst Jünger, ein Dokument seines lakonischen Tiefsinns:

„Eine Welt ohne Pause ist ohne Sinn."

Sehr gut gesagt.

„Eine Welt ohne Pause ist ohne Sinn."

Was gäbe ich darum, wenn es mir gelänge, mit Worten auszudrücken, warum mir dieser Satz seit jeher als *weise* erschien! Ich habe die Stelle (in „Zahlen und Götter") noch einmal nachgeschlagen. Jünger spricht dort davon, es müsse „still sein, wenn das innere Ohr sich erschließen, das Stirnauge sich öffnen soll" – was für ein Bild! –, und sagt, solche Ruhe sei „fast ganz entschwunden, selbst auf den fernsten Inseln, den Polkappen, auch in den Wüsten, den Tälern des Sinai". Dann folgt dieser unermeßliche Satz – womit ich meine, seine Tiefe sei nicht auszuloten –, eine Welt ohne Pause sei ohne Sinn.

Ist das eine Lichtspur von Weisheit? Nicht, daß der Satz nicht sagte, was er sagt, er verschweigt nichts, und wir verstehen ihn. Und doch geht da in ihm etwas mit, ein Mehr, das ihn rätselhaft erscheinen läßt. Es ist, als ginge er mit etwas schwanger, das er für sich behält, nicht preisgibt. Er spricht, aber verrät nichts.

„Eine Welt ohne Pause ist ohne Sinn."

Alle „großen" Sätze sind von dieser Art: „ ... wie ein nächtlicher Flügelschlag gegen eine Fensterscheibe" (Dávila). Man hört sie, man liest sie, behält sie, und irgendwie mag es einem dann damit ergehen wie jener Magd in Palästina, von der gesagt wird (nachdem die Hirten berichtet hatten, was ihnen draußen, bei den Herden, widerfahren war): „Maria aber behielt alle diese Worte und bewegte sie in ihrem Herzen" (Lk 2,19).

Hat sie „verstanden"? Eine alberne Wendung. Man stelle sich vor: jene Nacht, die Engel, die Klarheit des Herrn umleuchtete sie, dann die Botschaft aus offenem Himmel – und einer der Hirten sagte zur Bekräftigung, daß er verstanden habe: „Ich verstehe" oder „Ich habe verstanden". Mit Kants berühmter Formulierung: Eine gespannte Erwartung hätte sich plötzlich in nichts aufgelöst – die Urszene aller Komik.

Nein, solche Worte „versteht" man nicht, man bewegt sie im Herzen, um vielleicht später einmal, wenn wir *uns in sie* und *sie sich in uns* eingelebt haben, *mit ihnen* zu verstehen. Weise Sätze sind wie Augengläser: Sie sind nicht dazu da, gesehen zu werden, sie helfen, zu sehen, was wir ohne sie nicht sähen. Ich liebe solche Sätze, ihre Sprödigkeit, auch das Dunkel, das sie umgibt, in dem sie leuchten. Ich schreibe Euch ein paar davon auf:

> „Ohne den Himmel über uns verlieren wir den Boden unter uns."

Oder:

> „Nur um der Hoffnungslosen willen ist uns die Hoffnung gegeben."

Oder:

> „Der Mensch ist die Dornenkrone der Schöpfung."

Oder:

> „Das Kollektiv der Lacher parodiert die Menschheit."

Oder:

> „Einen Menschen lieben heißt sagen, du wirst nicht sterben."

Solche Sätze sind wie Pausenzeichen. Sie nötigen innezuhalten. Und noch das Wort „nötigen" ist falsch. „Laden sie ein" innezuhalten? Nein, denn ihrerseits reden sie niemanden an. Sie halten sich zurück. Es ist der Leser, der sie zu sich bitten muß. Ihr Zauber ist, sie erschließen sich nicht – und sind doch nicht verschlossen. So jener Satz von Ernst Jünger:

„Eine Welt ohne Pause ist ohne Sinn."

Ihr kennt die Szene: Ein Seminar in einer Akademie, es ist Pause, die Teilnehmer schlendern hinaus auf den Gang und sammeln sich nach und nach an dem langen Tisch, auf dem in großen Chromthermoskannen der Kaffee und Tee, eventuell etwas Gebäck bereitsteht. Und dann stehen sie zusammen, in kleinen, zufälligen Gruppen, vielleicht vier, vielleicht fünf Personen, und einer erzählt. Die anderen, die Kaffeetasse in der einen Hand, die andere rührt den Zucker um, hören zu, nicht entschieden, nicht deutlich, nur höflich, man hat schon so lange zugehört. „Haben Sie die Kaffeesahne gesehen?"

„Zu den Tugenden vorhin", sagt der ältere Herr, Apotheker im Ruhestand, der zu den regelmäßigen Gästen in der Akademie gehört, „zu den Tugenden vorhin, der Referent hat ja Wilhelm Busch zitiert, fällt mir noch ein anderes Gedicht von ihm ein. Aus der Sammlung »Zu guter Letzt«. Das geht so:

Reue

Die Tugend will nicht immer passen,
Im ganzen läßt sie etwas kalt.
Und daß man eine unterlassen,
Vergißt man bald.

Doch schmerzlich denkt manch alter Knaster,
Der von vergangnen Zeiten träumt,
An die Gelegenheit zum Laster,
Die er versäumt.

(Zustimmendes Lächeln der Umstehenden.) Ist es nicht so?"

Pausengespräche. Einer sagt, er verstehe nicht so recht, was ich gegen „Lebenskunst" hätte. Er habe neulich das Buch von Dem-und-dem gelesen, das habe ihn durchaus angesprochen. Außerdem gebe es doch da diese Bücher dieses Franzosen, Pierre Hadot, „Philosophie als Lebensform" das eine, das andere über den Kaiser Mark Aurel, „Die innere Burg". Werde da nicht die Philosophie als Lebenskunst erneuert?

„Der Begriff »Lebenskunst« wird von Pierre Hadot nicht sonderlich geschätzt", entgegne ich. „Er kommt so gut wie nie in seinen Büchern vor, und im Sachregister fehlt er. Hadot spricht statt dessen von Philosophie als Lebensform, als Lebensweise, von Lebensregeln und von der Lebensaufgabe. Aber: Was machen wir da aus unserer Pause? Gleich, wenn es weitergeht, werde ich dazu das Nötige sagen."

Eine Teilnehmerin, wie der Apotheker in der Akademie fast „zu Hause", hat noch eine Frage, bevor es weitergeht:

„War Ernst Jünger ein Lebenskönner? Ich meine, in der Öffentlichkeit gilt er als sehr »umstrittener Autor«."

„Wäre ein Lebenskönner, dem überall, vor allem von allen applaudiert wird?" frage ich zurück. „In ihm hat sich ein ganzes Jahrhundert reflektiert, und mehr als das: durchlebt. Wie einer von Hegel einmal spöttisch gesagt hat, er habe die »Autobiographie des Weltgeistes« geschrieben, könnte man, ohne Spott, von Jünger sagen, er habe das Tagebuch des 20. Jahrhunderts verfaßt. Übrigens Hegel – es gibt eine Stelle in seinem frühesten Werk, die einen Weisheitsbegriff vorschlägt, der sich zwanglos auf Ernst Jünger beziehen läßt. Ich habe sie hier:

»Etwas anderes als Aufklärung, als Räsonnement ist Weisheit. Aber Weisheit ist nicht Wissenschaft – Weisheit ist eine Erhebung der Seele, die sich durch Erfahrung verbunden mit Nachdenken über Abhängigkeit von Meinungen wie von den Eindrücken der Sinnlichkeit erhoben hat und [die] notwendig, wenn es praktische Weisheit, nicht bloße selbstgefällige und prahlende Weisheit [ist], von einer ruhigen Wärme, einem sanften Feuer begleitet sein muß; sie räsoniert wenig, sie ist auch nicht *methodo mathematica* von Begriffen ausgegangen und durch eine Reihe von Schlüssen, wie Barbara und Barocco, zu dem, was sie für Wahrheit nimmt, gekommen, – sie hat ihre Überzeugung nicht auf dem allgemeinen Markt eingekauft, wo man das Wissen an jeden, der richtig bezahlt, hergibt, wüßte sie auch nicht in blanker Münze, in den gangbaren Sorten auf den Tisch wieder hinzuzuzählen –, sondern spricht aus der Fülle des Herzens.«

Übrigens findet sich in demselben Text des jungen Hegel eine denkbar kurze Fassung dessen, was ich vorhin sehr ausführlich entwickelt habe: »Aufklärung des Verstands macht zwar klüger, aber nicht besser.« Der Mann war 23, als er das schrieb. Soll man das glauben?"

Soviel zur Füllung der Pause mit Pausengesprächen ...

Ich hoffe, die Pause kam Euch gelegen. Übrigens, wie es so oft geht: Am Rande entwickeln sich die Gespräche, die in die Mitte gehören. Ich meine in diesem Falle nicht den Herrn, der zur Unterhaltung der anderen Gäste Wilhelm Busch rezitierte, die Verse vom „alten Knaster" sind bestenfalls unterhaltsam. Ich meine, daß sich das richtige und jetzt fällige *Thema* ergab, und daß es sich in der geeignetesten Form zu Wort gemeldet hat, in der ihm eigenen Unbestimmtheit, als Rätsel, zumindest als rätselhaft: *Weisheit.* Die Worte, die ich zitierte, standen, eines wie das andere, dafür. Ich muß mich ein wenig sonderbar ausdrücken dürfen, anders mache ich mich nicht verständlich: Ihr Klang ist ihr Zauber. Sie trumpfen nicht auf, behaupten nichts, argumentieren nicht und erklären nichts – sie geben zu denken. Sie reden nicht „von" der Weisheit und nicht „über" sie, vielmehr läßt sie sich in ihnen erahnen. In solcher Gestalt zeigt sich die Weisheit.

Falls Ihr mich erinnern wolltet, daß wir bei der Frage stehengeblieben seien, Lebenskunst oder Lebenskönnerschaft, so sage ich: Ich habe es nicht vergessen. Im Gegenteil, ich bin bereits dabei, die nötigen Unterscheidungen vorzubereiten. Darf ich meinerseits daran erinnern, in welchem Zusammenhang uns das Wort „Lebenskunst" dazwischenkam? Es hatte sich für uns ergeben, daß Lebenskönnerschaft einer besonderen Form des Wissens verschwistert sei, nicht dem *wissenschaftlichen Wissen*, sondern einem anderen, das wir vorerst das *Wissen der Weisheit* nennen mögen. (Ich nannte es auch, mit anderer Berechtigung, Erfahrungswissen.) Bei dieser Gelegenheit noch einmal als Zwischenbemerkung: „Eine Welt ohne Pause ist ohne Sinn" möchte ich, wie die anderen dazugeladenen Sätze, für ein solches „Wissen der Weisheit" ansehen; ihre Weisheit freilich erschließt sich nur dem, dessen Weisheit sie erfaßt, der die Welt in einer Weise erfahren hat, die in einem solchen Satz zur Sprache findet. Für den, für den dies nicht gilt, „sagt" der Satz nichts, und man ist versucht, mit der trotzigen Bösartigkeit des Nicolás Gómez Dávila zu kommentieren:

„Es genügt, eine Wahrheit zu äußern, um einen Dummkopf zum Lachen zu bringen."

Also: *Wissen und Weisheit* – nicht „oder"! – seien die beiden Grundworte, mit denen wir uns der Lebenskönnerschaft näherten. Soweit waren wir gekommen. Und dann sagte ich: Ein anderes Wortpaar führe zur Lebenskunst und ihrer Konjunktur. Das heiße: *Wissen und Kunst*. Und ich hatte bereits gesagt: Auf den ersten Blick spreche viel dafür, das besonnene

Vermögen, sein Leben *gut* zu führen, eine *Kunst* zu nennen. Warum also nicht Lebenskunst? Warum dieses sperrige, man möchte sagen: schroffe Wort Lebenskönnerschaft?

Wie fange ich es an, darüber Klarheit zu schaffen? (Der Brief wird von Fragezeichen überschwemmt ... – und das ist recht so.)

Ich werde versuchen, in Gegensätzen zu sprechen und so eine in allen Momenten sich meldende Unterscheidung nahezulegen. Es ist im Grunde *ein* Gedanke, den ich in zahlreichen Prismen sich brechen lasse. Sehen wir ihm zu ...

Lebenskunst, sage ich zuerst, sieht das Leben als *ästhetisches* Problem, damit als *sinnliches* –: das Leben wird *angeschaut*. Das *gelingende* ist ihr das *schöne* Leben.

Lebenskönnerschaft hingegen *sieht* nicht auf das Leben, sie mißtraut den Sinnen. Ihr Organ, wenn man es so nennen mag, ist jenes „innere Ohr", das sich erschließt, und jenes „Auge der Stirn", das „sich öffnet". Dieses andere Auge *sieht* nicht, es *nimmt wahr*. Was es sucht, ist das *gute*, das ihm als das *wahre* Leben gilt.

Schaut Euch Grünewalds „Isenheimer Altar" an, die Kreuzigungsgruppe, ein von den Spuren des Schmerzes entstellter, angenagelter Leichnam, übersät mit grünen Leichenflecken, die Hände verdreht, wie Krallen starr und knöcherig – wahrlich kein griechischer Gott in überlegen vollendeter Schönheit, sondern ein Bild erbarmungswürdigen Elends.

„Die Schönheit ist vielmehr der Schleier, der die Wahrheit bedeckt, als die Darstellung derselben". (Hegel)

Das ist kurzgefaßt. Nicht Schönheit, Wahrheit entscheidet.

Zu den folgenden Differenzierungen ein Hinweis: Wenn ich im folgenden statt von Lebenskunst vom Lebenskünstler, vom Lebenskönner anstelle von Lebenskönnerschaft spreche, ist es nötig, ein Mißverständnis auszuschließen: Mit dem „Lebenskünstler" ist hier nicht die gelackte Mischung von Bohemien und Dandy gemeint, die ich in meinem Vortrag karikiert hatte. Ich denke vielmehr in diesem Zusammenhang, wenn ich vom Lebenskünstler rede, an das ernst zu nehmende *Subjekt* der Lebenskunst. – Ich fahre fort.

Der Lebenskünstler *gestaltet* sein Leben, der Lebenskönner *bewährt sich*.

Noch einmal möchte ich unterbrechen, denn ein Einschub liegt nah. Die Alten unterschieden zwei Weisen des Wirkens: das Machen (*facere*) und das Tun (*agere*). Das Werk des „Machens" und Herstellens ist – neben und verwandt der Technik – die künstlerische Gestaltung. Das Werk des „Tuns" hingegen sind wir selbst. Beiden entsprach zugleich ein Bild der Vollendung und des Gelingens: Das *Machen* dachten sie sich vollendet im hergestellten Kunstwerk, das *Tun* hingegen, dachten sie, finde seine Erfüllung und Vollendung im rechten, besonnenen Leben, im Leben des Weisen. Als das Ziel des *Machens* galt ihnen das *Werk*, als Telos des *Tuns* die *Tat*. Das aber ist nicht die „Tat", die ich irgendwie tue, sondern die, in der ich mich als der erkenne, der ich bin – und so auch „zu erkennen gebe".

Die Empfehlungen der Lebenskunst leiten an, das Leben *in Form* zu bringen; Lebenskönnerschaft sucht den *Gehalt* des Lebens.

Der Lebenskünstler *bestimmt* sein Leben, der Lebenskönner fragt nach seiner *wahren Bestimmung*.

Sucht jener, etwas *Besonderes* zu sein, das heißt *unverwechselbar*, trachtet der Könner des Lebens danach, er *selbst* zu sein, nichts als dieser eine und einzige, und seine Wirklichkeit hat er nicht darin, unverwechselbar, sondern darin, *unersetzbar* zu sein.

Diese feine Unterscheidung von weitreichender Bedeutung verdient eine Erläuterung: Lebenskunst, sofern sie dem Leben eine besondere Färbung und Tönung verschafft, arbeitet an seiner Unverwechselbarkeit – ihre Maxime lautet: „anders sein", „anders als andere". Lebenskönnerschaft kennt dieses Interesse nicht. Sie sucht zu sich selbst zu kommen. Und ihre Maxime, wenn sie denn einer folgte, lautete: „ein anderer sein", „einer unter anderen".

Der Lebenskünstler sucht *Geltung*, der Lebenskönner das *Gültige*.

Leitende Idee der Lebenskunst ist das *Glück*. Lebenskönnerschaft bewährt sich darin, des Glückes *würdig zu sein*.

Der Lebenskünstler *setzt sich durch*, der Lebenskönner *steht ein* für das, was recht ist.

Der Lebenskünstler ist *beweglich*, der Lebenskönner *aufrecht*.

Der Lebenskünstler *gibt* seinem Leben einen *Sinn*, der Lebenskönner *erfüllt* ihn.

Lebenskunst sucht den *Genuß* des Lebens; Lebenskönnerschaft hingegen sucht vom falschen, faden, auch fadenscheinigen Leben *zu genesen*.

Setzt der eine auf die *Wirkung des Scheins*, glaubt der andere an das *Scheinen der Wahrheit*.

Sagen wir von dem einen, er *verstehe zu leben*, müßten wir von dem andern sagen, er *lebe als Verstehender*.

Weiß jener, *aus der Not eine Tugend* zu machen, bewährt dieser *die Tugend in der Not*.

Lebenskunst flieht den *Schatten* und sucht das *Licht*; Lebenskönnerschaft flieht das *Zwielicht*, sucht *Licht und Schatten*.

Ist der Lebenskünstler Herr der *Lage,* dann der Lebenskönner Herr *seiner selbst*.

Eine Unterscheidung, an der mir gelegen ist, ließe sich so formulieren: Der Lebenskünstler gibt auf die Frage des Lebens die *Antwort*, während der Lebenskönner die *Frage* sucht, auf die das Leben die Antwort wäre.

Zuletzt – vielleicht auch zuerst, denn das ist bei dem, worauf es letztlich ankommt, nicht zu sagen:

Lebenskunst paßt sich der *Welt* an, während Lebenskön-nerschaft den Einklang mit dem *Himmel* sucht. Ja, klänge die Wendung nicht so unverzeihlich kitschig, brächte ich den Mut auf zu sagen: Jener *liebt das Leben,* dieser *lebt die Liebe –* doch solcher Mut wäre falsch am Platz: Die Liebe hat im Unschein-baren ihren Ort und verträgt das große Pathos nicht.

Soviel zu den nötigen Unterscheidungen, Ihr Lieben. Da-mit verabschiede ich mich für heute. Es ist spät geworden. Ich gehe schlafen. Bis morgen. Morgen die Erzählungen, die ich Euch angekündigt hatte. Adieu.

„Jede wahre Erzählung führt, offen oder versteckt, ihren Nutzen mit sich. Dieser Nutzen mag einmal in einer Moral bestehen, ein andermal in einer praktischen Anweisung, ein drittes in einem Sprichwort oder in einer Lebensregel – in jedem Fall ist der Erzähler ein Mann, der dem Hörer Rat weiß. Wenn aber ›Rat wissen‹ heute altmodisch im Ohre zu klingen anfängt, so ist daran der Umstand schuld, daß die Mitteilbarkeit der Erfahrung abnimmt. Infolge davon wissen wir uns und andern keinen Rat. Rat ist minder Antwort auf eine Frage als ein Vorschlag, die Fortsetzung einer (eben sich abrollenden) Geschichte angehend. Um ihn einzuholen, müßte man sie zuvörderst einmal erzählen können. (Ganz davon abgesehen, daß ein Mensch einem Rat sich nur soweit öffnet, als er seine Lage zu Wort kommen läßt.) Rat, in den Stoff des gelebten Lebens eingewebt, ist Weisheit."

Jeder Morgen unterrichtet uns über Neuigkeiten des Erdkreises. Und doch sind wir an merkwürdigen Geschichten arm. Das kommt, weil uns keine Begebenheit mehr erreicht, die nicht mit Erklärungen schon durchsetzt wäre.

(Walter Benjamin)

Wen könnte ich nach diesem Zwischenstück und Zitateinschub mit der Ankündigung überraschen, ich wollte eine Geschichte erzählen? *Lebenskönnerschaft geht zur Weisheit in die Schule, und was sie dort hört, sind Geschichten.*

Die Ohrfeige
Eine Erzählung

Ich war damals zwölf Jahre alt. Den andern gleichen Alters war ich nicht ganz geheuer, bei den Alten galt ich als altklug, der ältere Bruder, der sich immerhin an mich gewöhnt hatte und mich leidlich ertrug, kam als Zuhörer nur selten in Betracht, da er seiner eigenen Wege ging, und was sich an redenden und gelegentlich hörenden Personen sonst so fand, nun gut, ich war schon froh, wenn ich dabei sein konnte. Kein Wort in diesem Zusammenhang von der Schule, nicht von den „Kameraden", die ich niemals so genannt hätte, ich sie nicht wie sie mich nicht, und von den Lehrern auch nicht.

Doch einmal in der Woche gab es Unterricht der besonderen Art. Jedenfalls für mich hatte er diesen Reiz des Besonderen und Ausnahmsweisen, denn ich nahm daran teil, ohne eigentlich oder richtig dazuzugehören. Aus eigenem Entschluß, der vermutlich von einer ungefähren Neugier eingegeben worden war, hatte ich mich zum „Konfirmandenunterricht" angemeldet, obgleich ich nicht getauft war und so nach älterem, damals allerdings längst unüblich gewordenem Sprachgebrauch beanspruchen durfte, als „Heidenkind" zu gelten, was in einer kleinen Stadt wie Hameln an der Weser den Vorzug hatte, nicht üblich und darum etwas Besonderes zu sein.

Vorausgegangen war, daß ich an einem schönen, sonnigsommerlichen Sonntagmorgen, während zu Hause, wie leider gewöhnlich sonntags, alles noch schlief, einen Blick in die Kirche getan hatte (auch diese Exkursion auf eigene Faust war wohl einer unbestimmten Neugier zuzuschreiben), und ich gestehe gern, auch heute noch, das große Haus hat mich beeindruckt. Die hohen, bunten Fenster, in denen sich das Sonnenlicht brach, das Spiel der Orgel klang imposant, und der Mann am Altar war zumindest anders als die Erwachsenen sonst, was schon durch den langen, bis zu den Schuhen hinab wallenden schwarzen Talar und den steifen, weißen Kragen oben an seinem Hals bekräftigt wurde. Hinzu kam, daß er von Dingen sprach, von denen im Damenkränzchen der Mutter oder im Kreise der Geschäftsleute, in dem der Vater verkehrte, nichts zu hören war. Das war aufregend genug.

Auf diese Weise war ich also in den kirchlichen Nachmittagsunterricht geraten, wo es mir als einem, der dabei war, ohne allen Ernstes dazuzugehören, gefiel. Der Mann vom Altar, ein gewaltiger Mann (in alten Romanen hätte es geheißen: von „stattlicher" Gestalt, aber das war kein Begriff des Zwölfjährigen), trug auch zum Unterricht der Kinder einen strengen, schwarzen Anzug, darunter einen ebenso schwarzen, feinen Pullover, aus dem nur oben am Hals, wie in der Kirche sonntags, ein schmaler, weißer Streifen des Hemds heraussah, was ihn zweifellos vorteilhaft von den Lehrern abhob, die wie alle Welt herumliefen. Hinzu kam, daß die Männer der Schule bedauerlicherweise wenig Überraschendes zu bieten hatten, nichts jedenfalls, was irgendwie verblüffte oder die Gelegenheit geboten hätte, sich zu empören. Was man dort lernte, war korrekt, war in Ordnung und stimmte wahrscheinlich, also nickte man, und bald nickte man ein.

Das war einmal in der Woche, nachmittags, allerdings anders. Was der Junge da zu hören bekam an Geschichten und Ansichtssachen, das war von so abenteuerlicher Wunderlichkeit und sonderbar, daß es unwiderstehlich sein Interesse anzog. Und da er zugleich das ungewohnte Privileg genoß, der Veranstaltung gewissermaßen nur gastweise oder neugierigkeitshalber beizuwohnen, wie er dachte, so daß er zwar irgendwie dabei war, aber doch nicht ganz und gar dazugehörte, machte er von dieser unbekannten Freiheit ausgiebig Gebrauch, indem er sich ein tollkühn ungezwungenes Benehmen herausnahm. Einfälle, auf die er wohl auch sonst nicht lange warten mußte, wurden ohne die schulübliche Umständlichkeit des Armaufhebens oder Fingerschnipsens frisch und so, wie sie gekommen waren, mitgeteilt, altmodischer Kram wurde mit demonstrativem Glucksen kommentiert, wunderliche Geschichten, die ihm zwar insgeheim gefielen, die der aufgeklärte Bengel aber ebenso als ausgemachte Zumutung empfand, wurden altklug mit dem Zwischenruf „Es war einmal …" quittiert, und Kirchenlieder, wenn sie unbequemer Weise auswendig gelernt werden sollten, lernte er nicht nur nicht – schließlich war er ja nur gastweise dabei, oder um sich einmal umzusehen –, sondern außerdem befand er, daß das doch wohl eher das Liedgut für die „Omis" und die „Opis" sei.

Der schwarze Mann hörte sich das alles an – um ehrlich zu sein, fand der Junge das erstaunlich und im Grunde konnte er's nicht fassen, doch so war's. Nichts, wirklich nichts brachte ihn aus seiner kolossalen Ruhe. Wie es schien, sah er dem kleinen, vorlauten Flegel da hinten am dritten Tisch an der Fensterfront einfach zu, teils freundlich, teils neugierig und manchmal sogar so, als wundere er sich, was dem Jungen außerordentlich gefiel, ihn allerdings zugleich bestärkte, es vielleicht noch etwas dreister und noch witziger zu treiben.

Wieder war Donnerstag, am Nachmittag um 15 Uhr, wie immer donnerstags also Konfirmandenunterricht, und der schwarze Mann hatte den Einsatz zu einem Lied gegeben, das zum Auftakt der Stunde von allen gesungen wurde: „Wer nur den lieben Gott läßt walten". In der dritten Reihe hustete einer, sehr laut, sehr bemüht. Dann holte er sein Taschentuch hervor und schneuzte sich, sehr vernehmlich, die Nase, allerdings mit einigermaßen gespielter Unschuld, so als läge ein Fall von böser, beklagenswerter Erkältung vor –

„… und hoffet auf ihn allezeit …"

Inzwischen kam auch noch ein schreckliches Prusten hinzu, das den Eindruck erwecken mußte, es sei das bedauernswerte

Resultat einer ganz und gar unbeherrschbaren Konvulsion des
Brustkorbs –

„… den wird er wunderbar erhalten …"

Und nun begann es auch noch auf dem Kopf fürchterlich zu
jucken und zu krabbeln, was ein inständiges, heftiges Kratzen
notwendig machte –

„… man halte nur ein wenig stille /
und sei doch in sich selbst vergnügt …"

„Verdammt, dieser schreckliche Husten aber auch!" tönte es
vom dritten Tisch, von der Fensterseite her, und zwar laut genug, daß es jedenfalls der schwarze Mann nicht überhören
konnte – während inzwischen einige der anderen Kinder gik-
kerten und feixten, was als unzweideutiger Erfolg zu werten
war –

„… wie unsers Gottes Gnadenwille, /
wie sein Allwissenheit es fügt …"

Husten, Schnauben, die Kinder amüsieren sich –

„… Gott, der sich uns auserwählt …"

„Also dieser Husten … – nein!"

„… der weiß auch sehr wohl, was uns fehlt."

Der Pfarrer gibt ein Zeichen. Augenblicklich ist es still. Nur
hinten in der Ecke hört man noch ein Mädchen kichern,
dann wird es von einem anderen Mädchen gestupst und ist
nun auch still. Eine kurze, gespannte Weile: nichts. Dann
geht der Mann im schwarzen Rock langsam, gemessenen
Schritts durch den Mittelgang bis zum dritten Tisch, der seit-
wärts am Fenster steht. Niemand rührt sich. Der Junge hört
von der Straße her einen Hund bellen. Der Pastor sieht den
Jungen an, ganz fest an, seine Augen sehen in die Augen des
Jungen. Draußen, unten auf der Straße, ruft eine Stimme, vielleicht ruft sie den Hund, der bellt. „Steh bitte einmal auf." Der
Junge steht auf. Was jetzt? Der Hund bellt immer noch, nicht
wütend, sondern verspielt. Wahrscheinlich bellt er, während er

herumspringt, nach einem Stock schnappt oder hinter einem Stein, den jemand für ihn geworfen hat, hinterhertollt. Ich stehe, mit der einen Hand halte ich mich an der Stuhllehne fest, dann lasse ich die Hand los und stehe frei. Ich sehe die große, sehr große, weiße, weiche Hand unseres Pfarrers, und mir ist, als sähe ich, wie sie ein wenig zittert. Draußen, auf der Straße, der Hund hat aufgehört zu bellen. Da schnellt die Hand auf mich zu, zielt auf mein Gesicht, auf die Wange, ein dröhnender, klatschender Schlag trifft mich, der schleudert mich herum (ich habe mich wohl einmal um mich selbst gedreht, später bildete ich mir ein, der Schlag hätte mich sogar zweimal oder dreimal um meine Achse gewirbelt, aber das ist bestimmt übertrieben), ich taumele kurz, fange mich wieder, plumpse rückwärts und sitze akkurat auf meinem Stuhl, wo ich zuvor gesessen hatte.

Im selben Augenblick ist die große, weiße, weiche Hand wieder da, sie liegt auf meiner Schulter, ich spüre, wie sie ganz kurz anspannt und zuckt, wie zur Bekräftigung und als sage sie »Schon gut«, und ich höre meinen Pfarrer mit ruhiger, sanfter Bestimmtheit sagen: „Wir beiden werden Freunde werden."

Ob in jener Stunde, an diesem Donnerstag, der unterbrochene Choral schließlich zu Ende gesungen wurde –

„… denn welcher seine Zuversicht /
auf Gott setzt, den verläßt er nicht." –

weiß ich nicht. Wohl aber, daß mich Pfarrer Kaufmann – seine Freunde nannten ihn „Peka" nach seiner Gewohnheit, mit „P. K." zu unterzeichnen –, daß mich Peka, für den ich später viele Jahre lang die Jugendarbeit organisierte und leitete, einen Tag vor meiner Konfirmation, an einem Samstag, taufte.

Er hatte mich beauftragt, ein gewisses Lied auswendig zu lernen zu diesem Anlaß, und zwar alle sieben Strophen, „Alle!", aber ich weigerte mich. Er sah mich an, holte langsam, ohne seine Augen abzuwenden, sein großes, weißes Taschentuch aus einer verborgenen Faltentasche seines schwarzen Talars hervor, schneuzte sich sehr vernehmlich, und ließ es hingehn.

Lebenskönnerschaft geht zur Weisheit in die Schule, hatte ich gesagt, und was sie dort von ihr zu hören bekomme, seien Geschichten. Damit war der kleinen Erzählung die Tür aufgetan. Und weitere Erläuterungen, ich weiß es und bin froh darum, sind nicht nötig. In jenem Augenblick vor vielen Jahren hat sich Peka als weiser Mann erwiesen. Womit ich nicht sagen wollte: *nur* in jenem Augenblick, natürlich nicht; doch wer wäre *immer* weise und in *jeder* Lage ein Könner?

Und immer dann, wenn wir es *nicht* sind? Wenn wir fahrig, unaufmerksam, unduldsam, rechthaberisch sind? Dann *sollen* wir es doch sein (bei der Sache, aufmerksam, geduldig, nachsichtig). Dann machen *wir* zwar Urlaub von unserer Bestimmung, unsere Bestimmung aber bleibt im Dienst und erwartet unsere Rückkehr. Denn was wahr und in Geltung ist, ist es nicht, weil es auch schon *wirklich* wäre. Nein. Das Wahre und Gültige trägt der Wirklichkeit die Fackel voran: läßt, was ist, sehen und zeigt ihm den Weg. Soviel war und ist den noblen, ehrenden Selbstauslegungen und Bestimmungen gemeinsam, die der Mensch als für sich gültig anerkennt und anerkannte.

Wenn Kant in seiner Einleitung zur „Logik" (1800) sagte, es sei der „praktische Philosoph, der Lehrer der Weisheit durch Lehre und Beispiel, der eigentliche Philosoph", hat er nicht damit gesagt: „Ich bin's", wohl aber: Das gilt auch für mich. Und wenn er hinzugefügt hat, Philosophie sei „die Idee einer vollkommenen Weisheit, die uns die letzten Zwecke der menschlichen Vernunft zeigt", so wäre er mißverstanden, käme einer und forderte ihn: „Da zeig' sie her, diese Philosophie!" Denn seine Auskunft war nicht die, hier- oder dorthin sei die Philosophie gelangt, sondern: dorthin ist sie unterwegs, das ist ihr Ziel, dahin und danach strebt sie.

Und ebenso ist es mit der Weisheit und Lebenskönnerschaft. Da ist die primitive Überprüfung „Ist einer Lebenskönner oder ist er's nicht?" schlicht fehl am Platz. „Ist einer ein Weiser? Ist er es nicht?" – solche Fragen fragen nicht, sie wollen nichts hören, sie wollen nichts sehen, nichts erkennen, nichts verstehen, sie wollen erledigen und loswerden, sie machen madig und haken ab.

Die Erkundigung, ob einer sich *bemühe,* besonnen, zugänglich, empfänglich, nachdenklich, verständnisvoll, entschlossen und beherzt, wenn es not tut – kurz: *gut* zu sein, sollte im Gegensatz dazu nichts über einen Menschen sagen? Und da wäre kein Unterschied, ob einer erklärt: „Lebenskönner? Bin ich!", ein anderer aber: „Ich wollte, ich wär's. Immerhin, ich bemühe mich"?

Verzeiht, ich komme ins Plaudern, und vorgenommen hatte ich mir eigentlich, eine weitere Geschichte mitzuteilen. Dabei ist die neulich begonnene Unterscheidung von Lebenskunst und Lebenskönnerschaft keineswegs vergessen! Im Gegenteil. Schon die Erzählung von Peka sollte verständlich und nacherlebbar machen, was Lebens*weisheit* (oder Könnerschaft) ist – und eben nicht bloß Lebens*kunst.* Was es heißt, daß einer in seinem Leben ein *Könner* ist, nicht der *Künstler* seines Lebens; daß für ihn recht zu leben kein *Kunststück* ist, sondern daß er sich von der Frage leiten läßt, wie er es *meistert;* daß die Idee, die hier vorschwebt, *Weisheit* ist, nicht *Kunst* – darum geht es.

Und darum kam ich auf Kant zu sprechen, der die Philosophie nämlich nicht in eine Ecke skurriler Forschung entließ und sie von ihrem eigentlichen Amt keineswegs beurlaubt hat, sondern daran festhielt, daß ihr – wie uns – der höchste

Maßstab gesetzt ist. Und der höchste, anspruchsvollste, ehrendste, der anweisend-fordernd beste war seit jeher die *Weisheit*. Für die Besten ist sie es noch; und sie wird es bleiben.

Dazu nochmals Kant, der selbstverständlich ebenso wie Ihr und ich gewußt hat, daß die Anforderung, zur Weisheit zu gelangen, im strengen Sinne zwar „zu viel vom Menschen fordert", dann hinzusetzt, was auch wir schon sagten, nämlich: „selbst dem mindesten Grade nach kann sie ein anderer ihm nicht eingießen, sondern er muß sie aus sich selbst herausbringen". Danach aber gibt Kant immerhin einen Wink, wie gleichwohl, und sei es annäherungsweise, auf den Weg dorthin zu kommen ist. Die Stelle (aus seiner „Anthropologie") will ich Euch zitieren:

„Die Vorschrift, dazu zu gelangen, enthält drei dahin führende Maximen:

1) Selbstdenken,

2) sich (in der Mitteilung mit Menschen) an die Stelle des anderen zu denken,

3) jederzeit mit sich selbst einstimmig zu denken."

Nun können wir nicht alles zugleich behandeln, sondern müssen eines ans andere fügen. Ist nicht auch schon etwas erreicht, sofern wir Punkt 2 ein wenig besser verstünden und plastisch vor Augen hätten, was da gemeint ist? Als Maxime und Wegweiserin zur Weisheit also das Vermögen, sich im Gespräch, im Umgang mit dem andern an dessen Stelle zu denken – darum und um einige andere Feinheiten der Lebenskönnerschaft ging es in der folgenden Geschichte, von der ich – vor vielen Jahren – in der Philosophischen Praxis hörte.

Ich werde sie nicht nacherzählen (denn wäre das mein Ehrgeiz, geriete mir das prächtige Sujet zum Roman, ich kenne mich …), ich will nur von ihr berichten: so knapp wie möglich, möglichst sachlich und so gut es eben geht: unparteiisch – was mir nicht leichtfällt, wie ich gestehe …

Als Motto schicke ich der Geschichte voran:

> *Was Prügel sind, das weiß man schon;*
> *was aber die Liebe ist,*
> *das hat noch keiner herausgebracht.*

(Heinrich Heine)

Der Schlag
Bericht von einer Liebe und ihrem Ausgang

„Was ist die Liebe? Hat keiner ihr Wesen ergründet? Hat keiner das Rätsel gelöst? Vielleicht bringt solche Lösung größere Qual als das Rätsel selbst, und das Herz erschrickt und erstarrt darob, wie beim Anblick der Medusa. Schlangen ringeln sich um das schreckliche Wort, das dieses Rätsel auflöst. – O, ich will dieses Auflösungswort niemals wissen, das brennende Elend in meinem Herzen ist mir immer noch lieber als kalte Erstarrung. O, sprecht es nicht aus, Ihr gestorbenen Gestalten, die Ihr schmerzlos wie Stein, aber auch gefühllos wie Stein durch die Rosengärten dieser Welt wandelt, und mit bleichen Lippen auf den törigten Gesellen herablächelt, der den Duft der Rosen preist und über Dornen klagt.

Wenn ich Dir aber, lieber Leser, nicht zu sagen vermag, was die Liebe eigentlich ist, so könnte ich Dir doch ganz ausführlich erzählen, wie man sich gebärdet und wie einem zu Mut ist, wenn man sich auf den Apenninen verliebt hat. Man gebärdet sich nämlich wie ein Narr, man tanzt über Hügel und Felsen und glaubt, die ganze Welt tanze mit."

Das war Heinrich Heine: Reisebilder aus Italien von 1828. Und mit einer Reise durch Italien, entlang den *Montes Apennini*, begann auch jene Geschichte, von der ich – als schlichter Berichterstatter – erzählen möchte. Das heißt, hier „begann" sie nicht eigentlich, sondern begonnen hatte sie für den Künstler (Maler, Bildhauer und Fotografen), der da in Italien unterwegs war, zu Hause im Hessischen, unweit von Frankfurt, wo er die zurückliegenden sieben Jahre mit seiner Lebensgefährtin verbracht hatte – sehr glücklich, wie er meinte –, bis sie ihn eines schlimmen Morgens – wie man sagt: „Knall auf Fall" – verlassen hatte. Er war verzweifelt gewesen, hatte sich mit Selbstmordgedanken gemartert, hatte gesoffen, die Nächte hindurch geraucht und gegrübelt, das Haus nicht mehr verlassen (es sei denn, um sich am Kiosk auf der Straßenseite gegenüber Nachschub, das heißt Wein und Zigaretten zu verschaffen), tagelang hatte er das Telefon angestarrt, und als es endlich klingelte, war nicht *sie* es, es war der Freund, der erklärte, er sei nicht bereit, das Elend länger mit anzusehen, und ihm schließlich so liebevoll wie bestimmt diese Reise „verordnet" hatte. „Du läßt jetzt alles stehen und liegen, schließt die Tür ab und haust ab!"

Aus den Beratungen in der Philosophischen Praxis ist mir sonst vertrauter, daß die frisch Verlassenen ihren Kummer in Paris, vorzugsweise im Quartier Latin, zu vergessen suchen – hier aber waren die Voraussetzungen andere, denn für Christian Bildau, wie wir ihn nennen wollen, war nun einmal Hellas das Land der Sehnsucht. Hier hatte er die schönsten Monate seiner neunundzwanzig Lebensjahre verbracht, gemalt, fotografiert, geschrieben, nächtelang an einsamen Stränden gelegen, in den Himmel geschaut und geliebt, geträumt und glücklich alles vergessen, was ihn irgend bedrängt haben mochte. „Griechenland, das ist der Traum", hatte er oft gesagt und erwogen, seine Wohnung im Hessischen zu verkaufen, um vollends der Sonne entgegenzuziehen, allerdings nicht nur der Sonne entgegen, das war eine dieser Touristen-Metaphern, die er verachtete. Es war etwas anderes, was ihn immer wieder nach Griechenland gezogen hatte. „Die Griechen, das sind andere Menschen", sagte er. „Schaut sie euch doch an, diese Typen hier bei uns in Main-Chicago, diese Geldaffen, diese Laufburschen mit ihren schwarzen Aktentaschen, diese gestylten Allerweltsgesichter! Die spielen sich ihr gestriegeltes Leben so lange vor, bis sie auf sich selbst hereinfallen und tatsächlich glauben, das sei es jetzt. Aber in Wirklichkeit leben die gar nicht, das sieht nur so aus! Das sind Computer-Ausgeburten, von irgend einer defekten Festplatte gerutscht, und jetzt laufen und sitzen sie uns da überall herum in diesen blitze-blanken Bankertürmen und in den Restaurants und Bars, und die Schwachsinnigen verwechseln sie glatt mit richtigen Menschen. Aber in Griechenland, da *lebt* man, da sind die Leute *da*, da sitzen sie irgendwo im Schatten und spielen oder träumen oder tun gar nichts – aber sind *da*. Versteht Ihr? Die tun nicht so, als ob sie lebten, die leben wirklich, die leben ganz einfach, das reicht, das ist es, im Grunde tun die gar nichts, als einfach nur leben. Es ist nicht zu fassen. Bei uns weiß überhaupt keiner mehr, was das ist, und schon gar nicht, wie das geht."

So hatte Christian oft geredet, und nun war er also, weil sein Freund ihm das verordnet hatte, unterwegs auf der Fahrt durch Italien mit dem Ziel Ancona, der Hafenstadt an der Ostküste, wo er den Wagen abstellen und sich einschiffen würde, um mit der Fähre zum griechischen Festland überzusetzen, eine knapp vierundzwanzigstündige Seereise, die er schon mehrmals unternommen hatte und also kannte und auf die er sich sonst, unter anderen Umständen, gefreut hätte. Aber was sollte er jetzt in Griechenland? Andererseits, umzukehren kam ebensowenig in Frage, dafür war es zu spät.

Das Schiff lag bereits im Hafen, als er eintraf. Er ging an Bord und belegte einen Platz auf dem hinteren Deck. Das Schiffshorn tönte. Die Mannschaft holte die Taue ein, und man legte ab.

Und Ihr? – Habt bitte keine Sorge, ich könnte mich hinreißen lassen, die abendliche Stimmung, die allmählich im Licht
des Sonnenuntergangs zurückweichende Küste, die ockerfar-
benen Buchten und Strände und ähnliches zu schildern (tatsächlich sei das Schiff am Abend in See gestochen, hat Christian erzählt, so daß man am nächsten Tag, wiederum bei
Sonnenuntergang, in Griechenland eintreffen würde) – nein,
das alles ist ganz und gar nicht meine Sache und mein Amt.
So wie Sokrates sagte, die Sterne und die Bäume lehrten ihn
nichts, wohl aber die Menschen in der Stadt, mit denen er
sich unterreden könne, so könnte ich sagen: Was sollen uns
Sonnenuntergänge und entschwindende Küstenstriche, mei-
netwegen auch besetzt mit Pinien, Zypressen, Palmen und
was sonst da wachsen und wuchern mag, oder das Blau des
Adriatischen Meers? Übrigens war es nicht blau, sondern
schwarz, denn inzwischen war Nacht, und Christian sah vom
Meer nichts. Oder was gäbe es wortreich von der Passage
durch die „Otrantische Straße" am nächsten Morgen zu berichten? Im Westen der italienische Stiefelhacken – der ja lä-
cherlicherweise als solcher von dem Passagier an Bord gar
nicht zu erkennen ist, sondern in der Ferne nur als dunstiges,
schmales Bändchen Land erscheint –, im Osten das albanische
Ufer. Das ist es schon. Schließlich öffnet sich die Enge, und
man gelangt ins weite Ionische Meer, und das Schiff hält Kurs
auf Korfu zu. Was also sollten hier literaturromantische Na-
turidyllen und Meer- und Landschaftsschwärmerei, wenn es
uns um Weisheit und Lebenskönnerschaft geht? Die Geschichte, die ich eigentlich gar nicht erzähle, von der ich nur schlicht
berichte, ist ja nicht solcher touristischen Panoramen wegen
interessant, einmal ganz abgesehen davon, daß Christian, der
auf dem hinteren Deck in seinem Liegestuhl lag und hinaus
auf das Wasser starrte, seinerseits eigentlich nichts sah. Die
Sonne ging ihn nichts an, ihr himmelsroter Untergang im We-

sten auch nichts, die Nacht nichts und der Sternenhimmel, das dumpfe Stampfen der Schiffsmotoren nichts – allenfalls die Eintönigkeit dieses Geräusches kam ihm gelegen, dieses stupide, einförmige Brummen tief da unten im Schiffsleib –, die Gerüche, diese Mixtur von Salz- und Seeluft und Diesel, die er sonst genossen hatte, bedeuteten ihm auch nichts – welchen Grund gäbe es also, frage ich Euch, daß ich von diesen Nebensächlichkeiten berichten sollte? Für Bildau war alles zur Nebensächlichkeit geworden. Er sah nichts und wollte nichts sehen, und hätte er sich gefragt, ob er zumindest anzukommen wünschte, wie andere Passagiere, die nur an ihr Ziel wollten, hätte er selbst diese Frage weder zu bejahen noch zu verneinen vermocht. Er war nun einmal unterwegs, in Ordnung, zurück konnte er nicht mehr, auch in Ordnung, aber das war alles. Wünsche! In seiner Lage! Da weiß man nicht einmal mehr, was Wünsche sind.

Unter anderen Umständen, gut, da hätte er vielleicht das junge Mädchen, das dort drüben, keine zehn, zwölf Schritte entfernt, an er Reling stand, fotografiert. Er hätte seine Kamera herausgeholt und in Anschlag gebracht. Hatte er die Kamera überhaupt mitgenommen? Einerlei. Ein Motiv jedenfalls wäre es gewesen, denn zweifellos handelte es sich da um ein unverschämt schönes junges Weib. Keine Frage. Vielleicht achtzehn, vielleicht auch erst siebzehn. Griechin wahrscheinlich. Nein, nicht nur wahrscheinlich. Wenn er sich dieses bezaubernd klare, schlanke Profil einmal in aller Ruhe ansah, diese klassisch deutlichen Züge, das tiefschwarze Haar, das ihr der Wind ins Gesicht, über die schmale Nase, den Mund, die Wangen wehte, war gar nicht zu zweifeln, sie mußte Griechin sein. (Ich möchte an dieser Stelle den Einwand anmelden, daß durch das Gesicht wehende Haare kaum als national-typisches Indiz zu werten sind, die etwaige Rückschlüsse auf ethnische Zugehörigkeiten gestatteten. Aber das nur am Rande.)

Auf irgendeine Weise verriet ihm, wie er meinte, sogar ihre Haltung, diese sehr stolze Haltung, dieses Eins von Stolz und Scham, ein Weib zu sein, zudem jung, schön, vielleicht begehrenswert, daß sie Griechin sein mußte. Sie zieht die Blicke auf sich, dachte er, und wird es wissen und halb genießen und halb sich Mühe geben, das blöde Gegaffe gleichgültig zu nehmen, erkennbar zu ignorieren; so tun, als bemerke sie es gar nicht, als ginge es sie nichts an, so, als hätte sie eine Tarnkappe auf, die sie für alle Welt unsichtbar machte. Das ist Mädchengebaren, dachte er. Übrigens ist es erstaunlich, wenn sie wirklich Griechin ist, wie er annahm, daß sie da so mutterseelenallein auf dem großen Schiff an der Reling herumsteht, kein schnauzbärtiger Vater in der Nähe, keine mütterliche Matrone und keine Brüder, deren verdammte Pflicht es wäre, auf ihr hübsches Schwesterchen aufzupassen. Auch sonst weit und breit offenbar niemand, der dazugehörte.

Wohin sah Christian? Sah er überhaupt? Er sah und sah nicht. Er träumte offenen Auges, er sah das junge Weib dort drüben mit einem Korb voller Äpfel und Feigen über den staubigen Platz eines kleinen Bergdorfes gehen, hinter, teils vor, teils neben ihr einige Burschen auf Mopeds, die im Schritttempo um sie herum kreisten und unsinnigerweise ihre Knattermotoren aufheulen ließen. Das Mädchen allerdings übersah dieses adoleszente Gehabe, sie weigerte sich einfach, die Jungs da auf ihren Stinkedingern auch nur zur Kenntnis zu nehmen. Die Bengel waren einfach Luft, nur Luft, und schlechte obendrein. Sie kannte dieses Motorheldengetue, das Sticheln und Stacheln, und natürlich wußte sie auch, daß die Flegel es nicht wagen würden, irgend etwas zu unternehmen, was man hätte ernst nehmen müssen. Dafür kannten die ihre Brüder zu gut, das würden die nicht wagen. Also konnte sie ganz ruhig und unbekümmert und aufrechten Hauptes hier über den Platz gehen mit ihrem Korb, ja, es wäre noch nicht einmal ein Problem, sich für eine Weile dort drüben an die Brunnenmauer zu setzen, ohne Anlaß, ohne Absicht, einfach, weil es sich dort gut sitzen läßt. Gehörte denn der Platz dieser Horde von Wichtigtuern? Und außerdem, wenn einer dreist käme, dann würde sie sich schon zu wehren wissen, es wäre nicht das erste Mal, daß sie einem Jungen, der sich zuviel herausnahm, „Klatsch!" einen hinter die Löffel gegeben hätte. „Klatsch, Klatsch!"

Christian zuckte zusammen. Er hatte es tatsächlich klatschen hören. Aber es hörte sich so an, als klatschte jemand in die Hände! Er schüttelte sich den Kopf. Hatte er geträumt? Wo war das Mädchen? Aber da stand es ja, genau dort, da vorn an der Reling, wohin er wahrscheinlich die ganze Zeit gestarrt hatte, ohne wirklich hinzusehen, denn wahrscheinlich hatte er geträumt. Mit offenen Augen wird er vor sich hin geglotzt und das Mädchen mit blödem Gesicht angestarrt haben! Es war peinlich. Und sie? Was war das denn? Sie schaute zu ihm herüber, ein wenig von oben herab mit schräggelegtem Kopf, und klatschte in die Hände, als wollte sie jemanden wecken, der geschlafen hat. Und jetzt, da er versuchte, sich über die Situation klar zu werden, lachte sie. Sie stand da, die Arme vor der Brust gekreuzt, und lachte. Lachte ihn aus! Offensichtlich amüsierte sie sich köstlich über den Träumer, der sie da minutenlang angestarrt haben mochte, ganz dusselig wie ein Hypnotisierter. Und jetzt klatschte sie noch einmal in die Hände, was wohl heißen sollte: ‚Na brav, da bist du ja doch noch wach geworden … Da hab' ich's ja geschafft!' Er versuchte, entschuldigend zu lächeln. Aber es gelang nicht, es war peinlich, er fühlte sich verlegen, ertappt, und wußte nicht einmal bei was. Wo waren sie überhaupt? Die Schiffssirene tutete. Richtig, gleich würden sie kurz bei diesem kleinen Ort an der Nordwest-Küste der Insel anlegen. Einige Passagiere würden aussteigen, Touristen, Familien mit Koffern, Kasten, Kinderwagen und kleinen, heulenden Ungeheuern auf dem Arm, und dann würde die Fahrt weitergehen zur Ostküste hinüber, nach Korfu Stadt, griechisch Kerkyra, und von dort dann weiter an der Küste entlang, an den Inseln Paxos und Linkas und Ithaki vorüber, dem Ithaka des Odysseus, und schließlich nach Patras auf dem Peleponnes. Sie hatte ihn einfach angesehen und gelacht! Und er? Was hatte er getan? Gar nichts? Hatte er wenigstens zurückgelacht, wenigstens gelächelt oder überhaupt irgend etwas? Oder hatte er nur dumm und begriffsstutzig dreingeschaut wie ein Ochse? Wo ist sie überhaupt? Dort, an der steilen Eisenstiege, die ins Zwischendeck hinunterführt, verschwand sie gerade, löste sie sich auf wie ein Traumbild, als hätte ihn nicht eben noch ein Paar schwarzer Augen angesehen, etwas spöttisch übrigens, wahrscheinlich belustigt über so viel Tagträumerei und dumme Fassungslosigkeit. Wo war er die ganze Zeit gewesen? Ach ja, da oben in dem griechischen Bergdorf, auf dem Marktplatz, am Brunnen, und sie hatte dort gesessen, rücklings weit zurück gegen die Brunnenmauer gelehnt, die Arme, rechts und links von sich gestreckt, hatte sie locker auf den Brunnenrand gelegt und amüsiert zu dem Menschen im Liegestuhl hinübergesehen.

„A!" hörte er, und im selben Augenblick ein Kullern oder Poltern. Jemand war womöglich auf der steilen Treppe dort vorn, die ins Zwischendeck hinunterführte, gestolpert oder ausgerutscht und war gefallen, die Treppe hinuntergestürzt. Es war ein „A!" gewesen und doch auch wieder nicht, ein einziger Laut, ein kurzer Schreckensschrei, es hätte ebensogut ein „O!" sein können, ein griechischer Laut höchstwahrscheinlich, ein Laut jedenfalls. Unverkennbar die Stimme eines jungen Mädchens. Und dann, nach wenigen Sekunden Stille, tauchte, eine knappe Handbreit nur über der obersten Schwelle, ihr Gesicht auf, ihr klares, reines Gesicht, das Paar schwarzer Augen, die ihn angesehen hatten und nun, tatsächlich, ihn noch einmal ansahen, als sollten sie sagen: ‚Schon in Ordnung! Nur keine Sorge. Nichts passiert!' Dann strich sich das Mädchen die Haare aus dem Gesicht, schüttelte den Schopf, als sagte sie: ‚Na ja, ist ja noch mal gutgegangen!', wendete sich um und verschwand die Treppe hinunter. Sie hat mich angesehen, dachte er, sie hat mich angesehen und mich gemeint, sie hat mich beruhigen wollen! ‚Nichts passiert!' Wieso? Wieso denn? Und ich? Habe ich überhaupt reagiert? Liege hier im Liegestuhl wie angewachsen und rühre mich nicht! Das Schiff hat angelegt. Wir sind in Paleokastritsa. Na klar, das ist die Anlegestelle, der kleine Hafen. (Er kannte den kleinen Hafen.) Und sie? Wenn sie ausgestiegen ist! Wenn sie von Bord gegangen ist! Vielleicht ist sie gar nicht mehr an Bord?

Seht Ihr, jetzt ist passiert, was nicht passieren sollte. Nun habe ich mich doch hinreißen lassen und bin ins Erzählen gekommen, entschieden gegen meinen nüchternen und klugen Vorsatz. Mein Brief an Euch ist wohl kaum der rechte Ort, um Liebesgeschichten zu erzählen, und seien sie noch so rührend und gingen sie auch zu Herzen, wie diese Geschichte sich tatsächlich rührend entwickeln und zu Herzen gehen wird – jedenfalls zunächst einmal. Aber das ist ganz und gar nicht meine Angelegenheit, und darum werde ich mich fassen und sachlich werden und nur berichten, daß Christian plötzlich klar war, er müsse sofort das Schiff verlassen, auf der Stelle runter von der Fähre! Das Mädchen mußte hier ausgestiegen sein! Er war von hinten nach vorn durch das Schiff gerannt, durchs Zwischendeck, durch Gänge, Treppen hinauf, Treppen hinab, ein Blick ins Restaurant: Nichts! – in den Salon: Nichts! – auf dem Vorderdeck: Nichts! Zurück noch einmal auf das Achterdeck: Nichts! Sie *mußte* ausgestiegen sein! Sie konnte sich nicht von eben auf jetzt in Nichts aufgelöst haben. „Ich muß sie finden", dachte er, oder er dachte es nicht, das rappelte vielmehr als sinnlos wiederholter Satz durch seinen

Kopf. „Ich muß sie finden! Egal wo, egal wie. Sie muß hier irgendwo sein, irgendwo dahinten im Ort. Der Ort ist nicht groß. Hier verläuft sich niemand. Ich werde sie finden."

Aber ich unterbreche und ermahne mich noch einmal. Es wäre mir unangenehm, wenn der Eindruck entstünde, ich hätte vergessen, wo ich bin, und ich hätte angefangen zu träumen, von griechischen Bergdörfern und Mädchen am Brunnen. Nein, ich werde meinem Vorsatz treu sein und streng und protokollarisch berichten, was geschah. Der wortreiche Aufwand eben, ich meine anläßlich der Entdeckung, daß die junge Reisende von Bord gegangen sein könnte, war ganz überflüssig. Es hätte genügt, zu sagen: Er suchte sie vergebens und verließ darum die Fähre. Dann war er an Land. Doch wie ging es weiter?

Er rannte durch die Straßen des Örtchens, hierhin, dahin, wahllos, er rannte hinauf in die Olivenhaine und wieder zurück, er rannte das schmale Sträßchen zum Kloster hinauf, zur Panagia Theotokos aus dem 18. Jahrhundert, eine der beachtenswertesten Sehenswürdigkeiten der Insel, ohne daß er einen Sinn für die stille Aura des heiligen Ortes gehabt hätte, er rannte sogar weiter hinauf bis nach Lakones, in das Bergdorf, das in den Prospekten als „Balkon des Ionischen Meeres" gepriesen wird: aber auch da nichts! Er lief zurück in den Ort, der eingezwängt zwischen den Steilküsten am offenen Meer liegt, er ertappte sich dabei, wie er erst leise, dann lauter in den schmalen Gassen „Hallo!" rief, auf dem Marktplatz, am Strand.

Wir dürfen fragen, was er denn auch sonst hätte rufen sollen – „Griechisches Mädchen!" vielleicht? Es war ja lächerlich. Doch auch auf Kommentare dieser Art sollte ich fortan verzichten, um ohne Umstand zu berichten, daß er sie suchte, aber nicht fand; daß er die Nacht – es war Mitte Juni und mittlerweile auch nachts sehr warm – in einer abseits gelegenen Bucht am Meer verbrachte, daß er sich die Kleider auszog, alle, und – entschuldigt, jetzt streift die Sache nicht nur den Kitsch, sie wäre tatsächlich unerträglich kitschig, hätte sich nicht alles genau so zugetragen, wie ich hier berichte – also ich protokolliere: daß in jener Nacht, während Christian im Meer badete, nackt von oben bis unten, der Mond schien, und zwar der volle Mond, und Christian dort in der Bucht empfand sich als der traurigste und als der glücklichste Mensch auf der Welt zugleich. (Achtung! Erinnert Euch an die klugen, einleitenden Sätze von Heine, der in diesen Angelegenheiten als Kenner gelten darf … Alle, denen Eros seine Streiche spielt, neigen zu maßloser Übertreibung, was ich mir aus den Kulissen heraus anzumerken erlaube. Doch nicht ich, Christian ist dran.) Er war also einsam, wie er noch niemals einsam war, verlassen, ausgeliefert, weggeworfen, ausgespien, und zugleich war es, als umarmte ihn die ganze Welt (!), als schiene der volle Mond allein für ihn, und die Wellen rollten nur für ihn an das Ufer, und die Insel war vor Urzeiten für ihn aus den Fluten aufgetaucht, dieses paradiesische Stück Welt, die Pinien, die schlanken Zypressen, die knorrigen Olivenbäume, der Hibiskus, Salbei, Thymian, Rosmarin, alles wuchs und blühte und duftete allein für ihn.

Ich erlaube mir anzumerken: Verliebtheit ist ein Zustand, der einerseits zu ungeselligem Schweigen disponiert, andererseits eine nachgerade unkontrollierte Redseligkeit und Schwelgerei in Worten auslöst. Was Euch zu der Erkundigung berechtigen könnte, wie es sich denn erklären lasse, daß diese Symptome auch bei mir ausbrächen … Tatsächlich bin ich selbst ja gar nicht beteiligt, sondern sitze gemütlich und ungestört in meinem Arbeitszimmer an meinem Computer mit Blick hinaus auf die Terrasse und in den Garten, wo es seit Tagen nicht Frühling werden will, sondern pausenlos regnet und grau und naß und kalt ist.

Zu Eurer Frage also, was mich denn da mitgerissen habe … – ich erlaube mir, sie unbeantwortet stehen zu lassen und statt dessen (ich nehme Eure Frage als Ermahnung) in distanzierterem Tonfall fortzufahren. Oder ich drehe die Sache um und frage jetzt meinerseits Euch: Diese Szene da auf der Insel Korfu – dem sagenhaften Scheria Homers –, die stille Bucht, die tiefe Nacht, der bleiche Mond – muß dem Betrachter (der wir, Ihr und ich, ja gewissermaßen sind) angesichts dieser Szene nicht die altüberlieferte Sage des göttlichen Dulders Odysseus in den Sinn kommen? Ich frische Euch gern die Erinnerung auf … Es war so:

Kalypso, die Nymphe, Tochter des Atlas, reizvoll durch die Gunst der Götter, die sieben Jahre lang den mutigen Helden geatzt und bei sich aufgenommen hatte auf der vielgelobten Insel Ogygia, hatte der starke Odysseus verlassen, sehnend sich nach der geliebten Heimat seiner Väter, Ithaka. Da geriet der Unerschrockene in Poseidons wütend-mächtige Gewalt, daß das Schifflein, nach Kalypsos weisem Rate gebaut, ächzte und knirschte und nicht standhielt, sondern brach, den Wellen ein Raub, ein Opfer der dräulichen See. Stark aber schwamm da der ausdauernd kräftige Schwimmer, vertrauend auf Beistand und Hilfe der gütigen Götter, erreichte das rettende Ufer, woselbst er hinsank von Ermattung und müden Gliedern, rasch vom Verlangen nach Schlaf überwältigt.

Ja, Ihr Lieben, das wäre ein Thema von philosophisch vorzüglicher Ergiebigkeit und Seriosität: Odysseus, der Finten- und Listenreiche, der tapfere, vortreffliche griechische Held *als Lebenskönner!* Und selbstverständlich, dafür stand er. Und im Anschluß daran die Frage: Was ist von der Anbeterei solcher reckenhaften Mannesstärke, vom Respekt für Löwenmut, Adlers Auge, Antilopenschnelligkeit und seinen den Speer weithinschleudernden Arm geblieben? Es wäre ein gediegenes Buch für sich: vom ränkeschmiedenden mediterranen Siegfried zur ganz und gar anderen Könnerschaft der Asketen, Eremiten, Klausner und Säulensteher, zu den Recken der Leibesverachtung und des *inneren* Kampfes, die der verführbaren *Seele* auf der Lauer lagen, zu den Helden des Widerstands in verwirrender Versuchung, zu diesen ganz anders Tapferen, die nun freilich auch anderen Anschlägen Paroli bieten mußten als ein Achill oder Odysseus, den Schlichen nämlich, Tükken und Hinterhältigkeiten des Leibhaftigen und Höllenausbunds! Tja, Ihr Lieben, da war nun kein Hektor mehr, mit dem man sich ritterlich (und insofern ordentlich) hätte prügeln können, sondern da schlich's und säuselte, flüsterte und träufelte süßes Honiggift ins Ohr, daß die Seele abtrünnig würde und es unfromm mit dem Widersacher hielte, dem Antichrist, und in ihrer tumben Verblendung dächte, sie hätt' einen tüchtig Reibach getan und wär' zum bitteren Ende doch nur ein Fraß und Häppchen der Hölle. Das waren andere Helden – bei Gott! Und dann die Frage: Was sind die späteren, die modernen, *unsere* Helden?

Doch solche Überlegungen, wenn sie uns auch vom Thema nicht abbringen würden, das „wahrhaft Passende" wären sie im Augenblick wohl auch nicht. Denn wir sind auf Korfu, an der Küste Scherias, dem Lande der schiffebauenden Phaiaken, der Meerbezwinger, und ihres weitsehenden Herrschers, König Alkinoos, mit Klugheit begabt von den huldvollen Göttern.

Da strandete der kühne Held, Odysseus, der göttliche Dulder. Athene aber, die helläugig blickende Göttin, Tochter des Zeus, säumte nicht, dem Nichtsahnenden zur Hilfe zu eilen. Wie ein Windhauch schwebte sie hin und nahte dem herrlichen Schloß des Alkinoos. Da schlief, im kunstvoll errichteten Zimmer, Nausikaa, des edlen Königs Tochter, den Unsterblichen gleich an stattlichem Wuchs und an Schönheit, und bei ihr schliefen, zu beiden Seiten der Türe, zwei Mägde, reizvoll durch Gunst der Chariten. „Auf! Nausikaa", sprach sie, die Göttin, und wußte das Schicksal zu wenden, daß diese, Tochter des Königs, die schöne Jungfrau Nausikaa, die Freude des Vaters, das Glück der würdigen Mutter, hintrat an der Küste und fand den Helden, den nimmermüden Odysseus. Dessen Auge erblickte das liebliche Mädchen, die weißarmige Tochter des edlen Königs, wie sie den Schleier abwarf zum fröhlichen Ballspiel.

Herrlich, wie Artemis schreitet, die Schützin, über die Berge,
über des hohen Taygetos Rücken,
voller Vergnügen beim Anblick des Ebers und eilenden
                                                Hirsches,
und sich die Nymphen, die Töchter des Trägers der Aigis,
Bewohner ländlicher Fluren, rings um sie tummeln,
                                zur Wonne der Leto,
Artemis alle aber überragt mit dem Haupt und der Stirne,
leicht zu erkennen, wie schön auch die andern sämtlich sich
                                                zeigen:
ebenso strahlte hervor aus dem Schwarm der Mägde
                                die Jungfrau,
die weißarmige Tochter Alkinoos' beim fröhlichen Ballspiel.

So hatte Athene, die helläugig blickende Göttin, das Schicksal gefügt, daß das liebliche Mädchen den gestrandeten Helden zur Stadt hinein führe, die an Tempeln reiche, an trutzigen Mauern starke, ins felsenthronende Haus des Vaters, des weisen Fürsten im Reiche der schnellsegelnden Phaiaken.

Der edle Odysseus aber, da er das Mädchen ersah, brach sich mit kraftvoller Hand aus grünendem Buschwerk den Zweig, um mit dem Laub seine Blöße zu decken. Dann trat er hin und sprach sogleich mit klüglich berechneten Worten:

„Herrin, als Göttin erscheinst du mir – bist du ein Mensch?

Nach deiner Gestalt, nach deiner Größe und Schönheit bist du der Sterblichen keine, sondern Artemis' Kind, das Kind des Kroniden. Und wärest du der Sterblichen eine, wie sie die Erde bewohnen, preise ich dreifach dir glücklich den Vater, die würdige Mutter, dreifach glücklich die Brüder, in hoher Freude lebten sie um deiner Lieblichkeit willen. Der Glücklichste aber, im Himmel wie auf Erden, wird der Bewerber sein, der mit seinen Gaben aussticht die andern Bewerber und dich als Gemahlin, du Göttliche, heimführt, zu neidvollem Kummer der Feinde, zu ehrlicher Freude der Lieben! Nie zuvor ersah mein Auge solche Schönheit, kein Göttliches, nicht Mann, nicht Weib; zum Staunen zwingt mich dein Anblick."

Werde ich zu ausführlich? Nun, ich gebe zu bedenken, daß uns Christian im Moment nicht sonderlich beschäftigt und wir ihn gewissermaßen in Ruhe lassen können: Sowohl am folgenden als auch am übernächsten Tag wird er, ohne Glück, im Ort und in den Dörfern der Küste nach dem Mädchen suchen. Mehr ist vorerst nicht zu berichten. Liegt uns da nicht die Frage näher, was einstweilen aus Odysseus, dem mutigen Helden, wurde?

Und verwechselt bitte nichts! Das ist nicht Literatur, was ich Euch hier notiere, *ich kann* und will *nicht hohe Worte machen*, das *Pathos brächte Euch gewiß zum Lachen, hättet Ihr Euch nicht das Lachen abgewöhnt.* Gewissermaßen zitiere ich nur, und ich verfolge eine Absicht dabei, die allerdings jetzt schon zu verraten nicht ratsam wäre. Also wartet es ab, Ihr werdet schon sehen …

Zurück zu Odysseus, den bitteres Elend bedrängt, in Not dem schimmernden Meere entronnen. „Erbarm dich meiner", sprach der tüchtige Mann, „du bist ja die erste, der ich nach schmerzlicher Mühsal begegne."

Und das weißarmige Mädchen, Nausikaa? Gab ihm zur Antwort:

„Nicht als schlechter und törichter Mensch erscheinst du mir,
Fremdling.
Zeus, der Olympier, selbst verteilt an die Menschen den Segen,
jedem von ihnen, den guten und schlechten,
nach seinem Belieben.
Dir auch teilte dein Unglück er zu, du mußt es ertragen."

Und sie erkannte sich ihm als die Tochter des mutigen Königs
Alkinoos.

Das Mahl ward gerichtet, die Schar der Mägde wartete auf,
und nach dem Mahl, an windgesicherter Stelle, das Bad bereitet, daß von den starken Schultern der Mann die schmutzige
Kruste des Salzschaums sich wasche. Der Flut entstiegen, ölte
Odysseus sich ein, denn lange entbehrte sein Körper das Salb-
öl. Stattlich sah er nun aus, strahlend in reizvoller Schönheit.
Die Jungfrau sah ihn mit Staunen. Zur Schar der lockigen
Mädchen sprach sie: „Während er anfangs mir kläglich ent-
stellt und armselig vorkam, scheint er ein Gott jetzt zu sein,
ein Bewohner des riesigen Himmels. Würde doch solch ein
stattlicher Mann mein Gatte und wohnte hierzulande und
wäre zufrieden, auch hier zu bleiben!"

Zum Helden aber sprach sie ermunternd die Worte: „Auf
denn, Fremdling, begib dich zur Stadt! Ich werde zum Hause
meines verständigen Vaters dich bringen, von allen Phaiaken
der edelste, tüchtigste Held. Doch halte an dich – du scheinst
mir ja klug und vernünftig –, daß keiner Zunge übles Gerede
entweiche, das möchte ich meiden. Lästernde Mäuler gibt es
im Volk. Die könnten sagen: »Was für ein Fremdling folgt der
Nausikaa dort, so ein großer, stattlicher Mann? Wo fand sie
ihn? Heiraten wird er sie sicher! Da seht, der Himmel erhörte
ihr flehendes Bitten, ein Gott stieg nieder zu ihr, und wohnt
ihr bald bei als rechtlicher Gatte. Hat sie den Fremdling sich
selbst ausfindig gemacht? So hält sie für nicht würdig, die um

sie werben, die Söhne des Landes, so zahlreich sie sind und so edel!« So werden sie lästern; mir würde es Schande bereiten. Drum laß dir raten, klüglicher Held, im Haine der Athene, am Brunnen, da ruhe und warte, drin sprudelt ein Quell. Doch sind wir, nach deiner Schätzung, ins Haus des Vaters gelangt, mache auch du dich auf und komme geschwinde uns nach. Leicht ist das Schloß zu erkennen. Dann schreite aus und eile, rasch bist du im Vorhof, im Hause, im Saale, dann, stattlicher Mann, entsinne dich wohlmeinenden Rates: Eile am Vater vorbei, zur Mutter dich wende zuerst, neben dem Herde sitzt sie, im Scheine des Feuers, mit Fäden spinnend. Ihr schreite zu und umschling mit den Armen die Knie der würdigen Frau, sie wird es dankbar dir lohnen. Ist dir die Mutter gewogen, so darfst du, Fremdling, hoffen. Dann erst wende dem Vater dich zu, auf hohem Sessel sitzt er, wie ein Unsterblicher thront er auf diesem und trinkt von dem Weine."

So sprach sie, die Wunderbare, zum vielgereisten Odysseus, und lief mit munterem Schritte voraus, gefolgt von den lokkigen Mägden. Nach ihr, wie ihm geheißen, gelangte Odysseus zum heiligen Wäldchen Athenes. Dort kniete er nieder, das brünstige Gebet zu richten an die Tochter des großen Kroniden:

„Höre mich, siegreiche Tochter des Zeus, des Trägers der Aigis! Leihe dein Ohr mir, da du mich nicht hörtest, als mir der ruhmreiche Herrscher Poseidon das Schifflein zerschlug. Laß die Phaiaken ein freundlich Willkommen und Mitleid mir spenden!" Derart flehte der Held; ihn erhörte Pallas Athene.

Erinnert Ihr Euch? Auch daran, daß im Hause und Schloß „die tüchtigen Brüder, stattlich wie Unsterbliche", sich um die Schwester scharten, sobald sie sie kommen sahen? Nausikaa aber erwehrte sich des brüderlichen Schutzes und ging auf ihr Zimmer.

Was war mit Odysseus? Wie das Mädchen ihm gewiesen, brach er auf vom Haine und schritt auf die Stadt zu. Da trat ihm Athene entgegen, die helläugig blickende Göttin. Als Mädchen trat sie zu ihm, am Arme den Korb, den Krug zum Schöpfen des Wassers. „Lasse dir raten, ehrwürdiger Fremdling", sprach sie, „ich will dich führen." Und weiter: „Dem Fremden sind die Phaiaker nicht günstig gesonnen, öffnen auch dem, der von auswärts herankommt, nicht herzlich die Türen. Nur schnellsegelnden Schiffen vertrauen sie und überqueren rasch die Tiefen der See. Poseidon gewährt ihnen das." So schritt die Göttin mit ihrem Liebling, die Phaiaker sahen sie nicht. Das war ihnen günstig. So kamen sie an den weithin berühmten Palast des Königs. Da sprach die Maid zu dem Helden: „Das ist das Haus, ehrwürdiger Fremdling. Da gehe hinein. Du mußt dich nicht scheuen. Denn ein beherzter Mann gelangt bei jedem Beginnen besser ans Ziel als ein Feigling, und kommt er aus fernen Gebieten. Wende dich drinnen im Saale zuerst an die Herrin; Arete lautet ihr Name. Sie zeigt viel Klugheit und nützliche Einsicht; unter Männern sogar, die sie achtet, schlichtet sie Hader. Schenkte sie dir die Gunst und erwiese dir Achtung, wird der Vater dir nicht widerstehen." Damit entschwand die helläugig blickende Göttin Athene. Aber Odysseus, stehend am Hause, vieles erwog er, bevor er zur ehernen Schwelle gelangte. Wie Strahlen der Sonne, wie lichter Mondenschein, so prächtig stand vor ihm der hohe Palast des mutigen Königs.

Doch da breche ich ab. Ihr erinnert Euch vielleicht, wie die Geschichte weitergeht. Sie wird sehr lang, sehr ausführlich. Im Hause erzählt Odysseus nämlich alle seine Abenteuer, die ganzen letzten zehn Jahre ...

Muß ich mir Vorwürfe machen, weil ich mich hinreißen ließ? Ich hoffe und denke: nein. Die Zeit war so für uns gut ausgefüllt, da von Christian währenddessen nicht viel zu berichten war, wie ich bereits erwähnte. Schauen wir, wie es ihm weiter erging.

Nach drei langen Tagen vergeblicher Suche entschloß er sich, den Bus nach Kerkyra, zu deutsch: Korfu Stadt, zu nehmen. Wenn ich mich üblicher Redensarten bedienen sollte, würde ich sagen: Er war wieder bei Verstand. Die Welt hatte ihn wieder. Also war er entschlossen, im Hafen das nächste Schiff abzuwarten, das ihn, wie geplant, nach Patras bringen würde. In einem kleinen Laden, oben im Bergdorf Lakones, hatte er sich ein weißes Brot, Oliven und einige Früchte gekauft, die er in einer Papiertüte bei sich trug, ansonsten hatte er die wenigen Dinge, die er mitgenommen hatte, in seinem Rucksack verstaut. Der Bus fuhr in Serpentinen hinunter in den Ort, hielt kurz am Stadtrand, und von dort ging es direkt in das Zentrum der Stadt auf den Marktplatz. Endhaltestelle. Die klapperigen Falttüren schlugen auf (das Fahrzeug hatte bereits eine stattliche Anzahl von Dienstjahren hinter sich), der Motor schüttelte noch einmal das ganze Gefährt durch, dann hörte es sich an, als söffe er ab. Die Fahrgäste drängten hinaus. Als letzter stieg Christian Bildau aus. Es war sehr warm hier. Mittagszeit. Die Sonne stand hoch am Himmel. Christian setzte den Fuß auf das Kopfsteinpflaster des Platzes, die Tüte mit dem Brot, den Oliven und den Früchten unter dem Arm, in der freien Hand den Rucksack, den er sich noch nicht aufgesetzt hatte. Er schaute sich um, wo er sich befände. Da, drei, vielleicht vier Meter vor ihm, direkt vor ihm, als hätte sie ihn erwartet, stand das Mädchen.

Ja, Ihr Lieben, und nun, ich bitte Euch, habt Nachsicht mit mir! Was soll nun werden? Was mache ich mit der Geschichte, die ja gar nicht meine Geschichte ist, von der ich hier nur berichte? Allein diese Szene, dieser entsetzliche, überglückliche Augenblick, dieser Schreck, der Christian durch den Leib fuhr, diese augenblickliche Angst, wieder alles falsch zu machen und nur blöd zu glotzen und stock und steif dazustehen, das alles ist für mich natürlich eine große Versuchung, in allen Einzelheiten zu berichten. Doch wie sollte, sobald ich der Versuchung nachgäbe, die lange weitere Geschichte bewältigt werden? Mein Brief an Euch ist ein philosophischer Brief. Es geht um Lebenskönnerschaft und gar nichts anderes. Was das ist, ein Lebenskönner und Lebenskönnerschaft, will ich Euch demonstrieren, anschaulich und nacherlebbar. Und jetzt ist Gelegenheit dazu! Denn, soviel müssen wir wohl anerkennen, was jetzt folgt, zeugte von ausnehmender, beispielhafter Geistesgegenwart. Die Tugend, hatte Goethe gesagt, sei womöglich gar nichts anderes als das „wahrhaft Passende in jedem Zustand". Ja, und jetzt sollt Ihr sehen, was es damit auf sich hat. Was war zu tun? So wie Odysseus, der tapfere Held, in dieser Lage sich geholfen hatte, also hinzutreten und „mit klüglich berechneten Worten" zur Jungfrau zu sprechen: „Herrin, als Göttin erscheinst du mir – bist du ein Mensch?", war ja wohl kaum möglich, auch wenn wir absehen davon, daß dem Verliebten der geliebte Mensch heute wie ehedem leicht einmal als „göttlich" und jedenfalls nicht als „bloßer Mensch" erscheint. Dennoch, eine wortreiche Lösung kam sicherlich nicht in Frage; Christian hätte ja nicht einmal gewußt, ob sie ihn verstehen würde. Eines immerhin war klar, auch ohne alle Überlegung: Irgend etwas *mußte* jetzt geschehen! Soviel wäre jedem Deppen und Stümper in Lebensdingen klar gewesen, oder? Aber was? Und glaubt nicht, *jedem* wäre jetzt das Richtige, „das wahrhaft Passende in diesem Zustand" eingefallen! Unserem Christian aber. Ich berichte eines nach dem anderen. Zwei, drei, vielleicht vier Sekunden waren nötig, bis er überhaupt wahrnahm, daß sie *wirklich und wahrhaftig* vor ihm stand. Selbstverständlich kamen ihm diese wenigen, lächerlichen Sekunden vor wie Ewigkeiten. Doch das tut nichts zur Sache, denn wir wollen die Geschichte objektiv und nüchtern nehmen: Es vergingen nur wenige Sekunden. Dann, ob es ein Einfall, eine Eingebung, ein genialer Blitz in seinem Kopf (ein neuronaler Sondervorfall innerhalb seines Gehirns) oder das Werk der helläugig blickenden Göttin war, lassen wir dahingestellt – jedenfalls, er ging die drei, vier Schritte auf das Mädchen zu, sah es an – das ist der Augenblick, Ihr Lieben! Jetzt kam alles auf alles an … – und zog aus der Tüte das weiße Brot hervor. Dann stellte er den Rucksack ab, den er noch immer in der Hand hielt, stellte die Einkaufstüte dazu, nahm das Brot, brach es, zuerst ein Stück, danach ein zweites, und hielt das eine dem Mädchen hin. Das stand und zögerte. Zögerte sehr lange. Sah ihn an. Ein Paar sehr schwarzer, großer Augen, einerseits lustiger, andererseits sehr ernster Augen, sah ihn an. Dann sah sie auf das Stück des weißen Brotes, das er ihr hinhielt. Wieder sah sie ihn an, sehr lange, sehr, sehr lange. Dann sah er, wie ihre Hand, ganz langsam, ganz langsam, sich aufhob, sich seiner Hand entgegenstreckte, fast schon nahm sie das Brot, noch einmal zögerte sie, lächelte jetzt nicht mehr, das Paar schwarzer Augen schaute offen in die seinen, dann nahm sie das Brot, nahm es zum Mund, hielt noch einmal inne, dann steckte sie's sich in den Mund, aß, kaute und lachte.

Und Ihr denkt nun gewiß: Das war's! Aber da seid Ihr voreilig. Denn das „war es" keinesfalls. Hört weiter!

Christian reichte ihr das andere Stück Brot. Sie nahm es, hielt es eine kleine Weile in beiden Händen, dann deutete sie damit auf seinen Mund, als er es aber nehmen wollte, schüttelte sie das Bröckchen ganz leicht hin und her, als sage sie „Nein, nein – so nicht", und schob ihm das Brot in den Mund.

Christian erzählte später: In diesem Augenblick habe er gewußt: Sie ist meine Frau.

Und ich? Der arme Protokollant? Was jetzt folgt, ist wahrlich kein Kinderspiel für den, dessen Amt es ist, Rechenschaft zu geben. Und wirklich, ich beneide mich nicht. Denn alles, was folgte, könnte mir leicht zum Roman geraten. Dabei habe ich schon jetzt über jedes Maß hinaus von der Geschichte berichtet. Wie helfe ich mir? Ich ziehe mir, gewissermaßen, Sieben-Meilen-Stiefel an, wohl wissend, daß die schönsten und rührendsten Episoden, die sich nun ergaben – ergeben *mußten!* –, ungebührlich übergangen werden. Es muß sein. Also. Denkt Euch! Die beiden stellten sehr rasch fest, daß sie kein Wort – versteht mich recht: *kein Wort!* – miteinander wechseln konnten. Er sprach kein Griechisch, sie weder Deutsch noch Englisch. Sie war in einem abgelegenen Bergdorf in Inneren Griechenlands aufgewachsen. Dieses Abenteuer! Nur ein einziges Detail aus der Fülle der kommenden Tage, die sie (nicht nur die Tage) am Strand, in einer stillen Bucht, auf dem Berg in Olivenhainen verbrachten, will ich Euch schildern. Eine einzige, eine für alle. Er schaute sie an, zeigte mit dem Finger seiner Hand auf seine Brust, und sagte: „Christian." Dann nahm er ihren Finger auf und tippte damit auf ihre Brust, eine prächtige, volle, starke Brust, beiläufig bemerkt, und hob fragend seine Schultern. Und sie? Sagte: „Nana." Nun frage ich Euch: Ist das alles nicht rührend?

Doch ich übergehe die Tage und Nächte, die unsere zwei auf der Insel verbrachten, am Strand, im Wasser, des nachts, im Mondlicht, ich übergehe es schon deshalb, weil es hier, im Brief schwarz auf weiß, womöglich trivial und allzu „schön" dastünde. Ich helfe mir mit der Behauptung: Einer solchen Geschichte werden wir gerecht, indem wir sie anspielungsreich beschweigen. Wir sagen beispielsweise – und sagen damit eigentlich nichts –: Es war eine schöne, glückliche Zeit.

Binnen zwei Wochen verstanden sich die zwei so weit, daß er ihr sagen konnte: Du sollst meine Frau sein. Und sie? Seht Ihr – jetzt ziehe ich den Gewinn aus meiner ausführlichen Nacherzählung der Abenteuer des Odysseus, des tapferen Helden! Sie sagte (verzeiht, ich bin des Griechischen nicht mächtig, ich sage also, was sie sagte, deutsch): Du mußt zu meinen Eltern gehen. Hinauf in unser Dorf. Und du mußt achtgeben, daß ich nicht ins Gerede komme usw. Alles so, wie wir es schon kennen. Sie gebrauchte nur andere Worte. Und auch die Anweisung, die Athene, die helläugige Göttin, dem Fremdling gegeben hatte, fehlte nicht: Zuerst die Mutter! Dann der Vater.

Ich fasse mich kurz mit Eurem Einverständnis. Man bricht auf, das Schiff bringt sie hinüber ans Festland, der nächste Bus bringt sie in die größere Stadt, ein anderer von dort hinauf in Nanas Dorf. Sie geht vor, er wartet am Rande des Ortes an einem Brunnen. Nach einer Weile kommen die Brüder, um ihn abzuholen. Sie begleiten ihn ins Haus. Dort sitzt die Mutter, der Vater bei ihr. Der Vater spricht ein wenig Deutsch, genug, sich zu verständigen. Er habe gehört, was seine Tochter ihm gesagt habe. Er werde die Verwandten zusammenrufen, sagt er. Man werde beraten. Christian solle einstweilen zurück zur Stadt fahren und dort warten, bis er Bescheid erhalte. Er werde hören, zu welchem Ergebnis man gekommen sei.

Zwei Tage lang wird in dem Dorf beraten. Im Krieg hielten deutsche Truppen hier ein schreckliches Gericht. Zur Vergeltung für Anschläge von Partisanen wurden zwanzig Dorfbewohner auf dem Platz erschossen. Unter ihnen ein Onkel von Nana. Der Familienrat kommt nach langer Beratung zu der Entscheidung: Die Ehe mit dem jungen Deutschen ist nicht möglich.

Die Brüder werden ausgeschickt. Sie überbringen Christian die Nachricht. Sie nennen ihm die Gründe. Er sagt: Noch einmal wolle er Nana sehen. Er werde hinauf ins Dorf kommen, er werde mit dem Bus kommen, um von Nana Abschied zu nehmen. Dann werde er weiterfahren, zurück nach Deutschland. Er werde nie wieder nach Griechenland zurückkehren. Morgen, am frühen Mittag, werde er im Dorf sein. Die Brüder willigen ein.

Am nächsten Tag trifft Christian mit dem Bus auf dem Dorfplatz ein. Der Bus hält an, die klapprigen Falttüren schlagen auf. Nana steht dort. Ihre Brüder stehen bei ihr. Christian sieht sie an. Sie ihn. Christians einer Fuß steht auf dem Trittbrett des Busses, den anderen Fuß hat er hinaus auf den Platz gesetzt. Nana geht auf ihn zu. Er nimmt sie in die Arme. Er flüstert ihr zu: „Paß auf!" Dann zieht er sie blitzschnell an sich, reißt sie in den Bus, ruft dem Fahrer zu: „Fahren Sie!" Der Fahrer reagiert sofort, fährt los, die Türen fallen zu. Nana will etwas sagen. Christian hält ihr den Mund zu. Sie lacht. Er küßt sie. Die Brüder haben sich auf ihre Mopeds geschwungen, versuchen, den Bus einzuholen. Doch der Bus fährt ihnen davon.

Ihr merkt, ich bin meinem Vorsatz treu. Geht es nicht wirklich in Eilestempo? In der Stadt steigen die beiden Flüchtlinge um, in einen Fernbus nach Deutschland, den sie spät abends, kurz vor der Grenze verlassen. Nana hat weder Papiere noch Ausweis dabei. Sie gehen querfeldein über die „grüne Grenze", erreichen einen Bahnhof und nehmen den Zug nach Frankfurt. Alles geht gut.

In Deutschland eingetroffen, rufen sie Nanas Eltern an. „Wir sind hier. Wir werden heiraten!" Das allerdings imponierte der Familie! Die Nachricht von dem Brautraub hatte sich in Windeseile nicht nur in dem kleinen Bergdorf herumgesprochen, sondern sogar in der Stadt sprach man inzwischen davon. Die Eltern waren stolz. „Die Liebe ist eine Himmelsmacht …" usw.

Sofort sollten die zwei zurück nach Hause kommen. Man werde eine große, eine prächtige Hochzeit ausrichten. So geschah es. Vier Tage lang wurden Hammel gebraten, wurde Ouzo und Wein getrunken, gefeiert, getanzt, geliebt, ein großartiges Fest. Dann fuhren die Brautleute zurück nach Deutschland.

Und nun? Christian wußte, er müsse Nana eine Zukunft bieten. Sie würde lernen und studieren müssen. Sie würde selbständig werden müssen. Ein Schulabschluß mußte absolviert werden. Danach würde sie studieren. War sie dafür nach Deutschland gekommen? Sie sagte: „Ich bin jung. Wir könnten Kinder haben." Er sagte: „Zuerst das Studium."

Er überzeugte sie davon, daß Bühnenbildnerei das Rechte für sie wäre. Sie willigte ein. Sie studierte. Nach und nach gewann sie Spaß am Leben der Studenten. Das eine und andere Mal kam sie jetzt sehr spät nach Haus.

Eines Abends kam sie nicht. Es wurde Mitternacht, es wurde ein Uhr, es wurde zwei Uhr, schließlich drei Uhr. Christian saß und wartete. Er war unruhig. Er hatte getrunken. Er glaubte, er werde wahnsinnig, er verlöre den Verstand. Kurz nach drei Uhr hört er den Schlüssel in der Tür. Er springt auf. Nana steht in der Tür. Sie ist fröhlich und sieht ihn spöttisch, ein wenig von oben herab, mit zur Seite gelegtem Kopf an. Er schreit (niemand hat Christian bis dahin je schreien hören): „Wo warst du? Wieso kommst du erst jetzt? So spät?" Sie antwortet ihm, das gehe *ihn* nichts an. Man habe bei einem Kommilitonen gefeiert. Es sei schön gewesen. Er ist außer Fassung, kennt sich selbst nicht mehr, weiß nicht, was er tut, er holt aus – und *schlägt* ihr ins Gesicht.

Ihr Lieben! Darum also der Titel „Der Schlag" … Wir sind am Höhepunkt der Geschichte angelangt, der Peripetie, wie man sagt. Doch hört den Schluß.

Sie taumelt zurück, fällt rückwärts aufs Bett (bemerkt Ihr die Ähnlichkeit zur vorherigen Geschichte? – das ist kein Zufall, daran war mir gelegen!), läßt beiderseits ihre Arme fallen, sieht Christian an und sagt: „Komm …!"

Und er? Christian? Er kann nicht fassen, daß er sie geschlagen hat. Das geliebte Wesen! Nana! Er steht auf, faßt sich und sagt: „Wir müssen über den Vorfall sprechen." Mit diesen

Worten geht er in die Küche, wo er sich setzt und wartet, daß sie kommt. Sie kommt nicht. Wenige Sekunden später hört er, wie die Wohnungstür zuschlägt. Er sah Nana nie wieder.

Was aber die Liebe ist, habe noch keiner herausgebracht, sagt Heinrich Heine und vergißt nicht anzufügen, er hoffe, das werde so bleiben. Dem stimme ich zu. Ihr Kleid ist das Geheimnis. Wer es ihr auszieht, stellt sie bloß.

Was aber Lebenskönnerschaft ist, ist das herausgebracht? Oder sollte es sich mit ihr verhalten wie mit der Liebe – daß ich mit Heine sagen könnte: Käme einer und erklärte, er habe das Rätsel gelöst, er wisse, was Lebenskönnerschaft sei und wie man dahin gelange, würde mein Herz erschrecken und erstarren wie beim Anblick der Medusa? Gilt auch hier: „Schlangen ringeln sich um das schreckliche Wort, das dieses Rätsel auflöst"?

Dem Sinne nach, nicht so schön formuliert wie von Heine, wäre dies in der Tat meine Antwort. Und ich will versuchen zu erklären, warum. Aber ich sage Euch gleich, das ist kein leichtes Unterfangen. Es wird uns nötigen, eine kleine, eigenwillige Meditation über eines der Hauptworte der Philosophie anzustellen. Und um ehrlich zu sein: Ein wenig graut mir davor. Doch es ist – Ihr werdet gleich sehen, warum – nicht zu umgehen.

Wer „wüßte", was Lebenskönnerschaft ist, wer „wüßte", wie es geht, der behauptete, er wisse, was das Leben ist, das heißt: was es bedeutet, worauf es ankommt und natürlich auch, was es heißt, *recht* zu leben. Wäre der weise? Er wäre es *nicht*. Er wäre *komisch*. Seinen Text singt der fette Tölpel in Lortzings „Zar und Zimmermann", der Bürgermeister van Bett:

O, ich bin klug und weise
Und mich betrügt man nicht.

Zwei Zeilen genügen, und der Dummkopf macht sich zum Gespött. Seines Refrains, er sei „ein zweiter Salomo", bedarf es dazu gar nicht. Was aber mit solcher Sicherheit spontan verlacht wird, nehmen wir nicht ernst. Allen Ernstes lohnte es sich allerdings zu fragen, *wieso* eigentlich jedermann „weiß", daß nur ein Hohlkopf diese Strophen singen kann. Sobald wir so aber fragen, stehen wir augenblicks vor jenem ältesten Rätselworte der Philosophie, das uns Sokrates mit dem berühmten Bekenntnis seines Nicht-Wissens aufgegeben hat.

Etwas nicht zu wissen ist nicht komisch. Zu glauben, man wisse, wo man nicht weiß, ist komisch. Aber zu glauben, man wisse, wo man nicht wissen *kann*, ist urkomisch (wie alle Borniertheit). Letzteres ist in unserem Fall – da einer sagt, er *wisse*, was Lebenskönnerschaft ist – der Fall. Warum?

Ich *will* diese heikle und schwierige Frage klären, ich will sie Euch, zuerst und vor allem aber mir selbst klarmachen. Und wenn es der Aufklärung dient, schrecke ich vor den primitivsten Exempeln nicht zurück. Von dieser Art ist mein erstes, das sich zwanglos an Christians Geschichte anschließt. Unüberhörbar klingt Biertheken-Ton an, wenn einer erklärt:

„Ich kenne die Weiber."

Dabei hoffe ich darauf, daß sich niemand an dem Wort „Weib" stößt. Sagte der Dummkopf, er kenne „die Frauen", wäre der Satz auch nicht zu retten.

Wenn wir hingegen den alten Freud seinem Freund Jones bekennen hören, die Frauen seien ihm, trotz jahrzehntelanger „Erforschung der weiblichen Seele", im Grunde *terra incognita* geblieben, neigen wir dazu, ihm Weisheit zuzusprechen. Und zugleich nehmen wir an, daß der Psychoanalyse-Meister selbstverständlich entschieden mehr und allerlei Hörens- und Beachtenswertes über – oder besser: *von* den Frauen weiß als jenes Kneipen-Großmaul. Wir werden sogar ganz zu Recht annehmen, daß Freud zu seiner Einschätzung, er werde wohl nie herausbringen, „was die Frau will", gerade deshalb gekommen ist, weil er *viel* verstanden hat. Warum ist das so?

Ich denke, die Antwort enthält ein Aphorismus des klugen Menschenkenners La Rochefoucauld (wieder einmal er). Er lautet:
    „Es ist leichter, die Menschen als einen einzigen Menschen kennenzulernen."
Die vornehme Version dieser Einsicht ist jene Wendung, die Goethe in einem Brief an Johann Caspar Lavater mitteilt („das Wort, woraus ich eine Welt ableite"). Es heißt:
    „Individuum est ineffabile"
– das Individuum ist unaussagbar. Zieht man in Erwägung, daß Goethe damit womöglich sehr bewußt das alte Thomisten-Wort „Deus est ineffabilis" adaptiert und für den einzelnen in Anspruch genommen hat, bringt uns der Satz wie über eine Brücke zu der noch schärferen Version, die Georg Simmel dem Gedanken verlieh: Die Individualität sei „das tiefste Mysterium *unseres* Weltbildes". Sie sei die „nicht zu analysierende, aus nichts anderem herzuleitende, unter keinen höheren Begriff zu bringende Einheit, hineingesetzt in eine sonst unendlich zerlegbare, berechenbare, unter allgemeinen Gesetzen stehende Welt".

In die spröde Sprache nachdenklicher Sachlichkeit übersetzt und auf unser Beispiel bezogen: Wer *die* Frauen kennt, kennt noch lange nicht Nana oder Friederike, und Maxi auch nicht. Und weshalb ist das so? Weil das, was diese drei wahrhaft ausmacht, nicht der Einzelfall zu einer allgemeinen Regel ist (die man kennen könnte), sondern dies, daß Nana, Friederike und Maxi *sie selbst* sind. Und das heißt: Für uns – eigentlich auch für sich selbst, doch das macht die Sache im Moment allzu kompliziert – sind sie *unvordenklich* oder ein unaufgelöstes Rätsel. Behaupteten wir, wir „kennten" sie, hätten wir *das Wesentli-*

che gerade *ver*kannt, nämlich: daß dies ihre *Identität* ist, ein Leben lang *andere* zu werden (alltagssprachlich: sich zu *ändern*), ohne damit aufzuhören, *sie selbst* zu sein. Erklärt nun einer, er „kenne" Nana, behauptet er, er könne Bestimmungen angeben, die sie gültig beschreiben. Und schon hätte er es verfehlt: Denn die *wesentliche Bestimmung* ist, daß sie *sich selbst* bestimmt. Wir können sie nicht *erklären*, weil sie *sich selbst* erklärt und anders erklären kann, als sie sich bisher erklärt hat usw. Um denselben Gedanken noch einmal an Simmel anzuschließen, ließe sich sagen: Der einzelne ist „unbegreiflich", weil er jederzeit im Begriff ist, der zu sein, als der *er sich selbst* begreift.

In eine griffige Formel gebracht, zum Merksatz zurechtgeschnitten:

Wir wissen immer nur *etwas*, nie *das Ganze*.

Ein solches „Ganzes" aber ist jeder einzelne Mensch, insofern er dieser *einzige* ist. Ist jetzt klar, warum ein Menschenkenner – und ein Menschenkenner wird der Lebenskönner zuallererst sein – nicht behaupten wird, er *kenne* die Menschen? Er wird nicht sagen, er habe sie *begriffen*, sondern allenfalls mitteilen, wie er dazu gekommen ist, auf sie *gefaßt zu sein*.

Es kommt etwas zweites hinzu (es wird noch einmal schwieriger). Nicht nur die Menschen, die uns begegnen, werden allein recht verstanden, wenn wir uns zwar bemühen, sie zu verstehen, zugleich aber wissen, daß wir sie *letztlich* nicht verstehen (was ja erst das Bemühen, sie zu verstehen, motiviert), nicht nur der andere also ist ein „Ganzes" oder (wie Simmel sagte) eine „unter keinen Begriff zu bringende Einheit", sondern wir selbst sind es – und sollen es sein. Denn andernfalls übersähen wir auch an uns selbst das Wesentliche. Im Beispiel:

Fragte uns einer, wie er „recht" *lieben* solle (da fragte er uns, wie man „Lebensratgeber" liest …) – was werden wir sagen?

Du Dussel, würden wir ihm zur Antwort geben: Wenn du die eine liebtest, wie du alle lieben würdest, und wenn du so wie alle, die vermeintlich „richtig" lieben, deine Geliebte lieben würden, wärest *Du* es ja gar nicht, der liebte, und Deine Geliebte würde sich herzlich bedanken …

Was der Mensch übersehen hätte – wiederum das Wesentliche –, ist: Indem er die „richtige" Art und Weise des Liebens herausfinden wollte, hätte er auf das *Ersetzbare*, Austauschbare, Imitierbare gesetzt, aber genau nicht auf das einzig *Unersetzbare* – und das ist er selbst. In der Liebe aber entscheidet nicht das *Was*, sondern das *Wer*.

Was sich (im „theoretischen" Duktus) schwierig anhören mag, legten, denke ich, meine Geschichten verständlicher nahe – weshalb ich sie erzählt habe. Peka, da bin ich mir sicher, wird niemals sonst im Unterricht einem Kind „eine runtergehauen" haben. Diese *eine* Ohrfeige war richtig, weil sie *den Richtigen im richtigen Augenblick* traf. Und Christian hätte, als er mit seiner jungen Frau zurück im Hessischen war, mit vielen anderen Frauen wohl ganz recht gehandelt, wenn er sie darin unterstützte, zu studieren und an die Karriere zu denken. Aber Nana hat er *nicht* verstanden. „Ich bin jung. Wir könnten Kinder haben." Das begriff der hessische Dummkopf nicht. (Übrigens: *Ich habe* Nana gesehen, viele Male sogar, auf Fotos nämlich, die Christian von ihr aufgenommen hatte. Ich versichere Euch: Diese wirklich ungewöhnlich schöne junge Frau, Christian hatte insofern nicht übertrieben, war das Weib, das gebiert oder unglücklich wird. Das ist so ein Fall von „etwas", von dem man eventuell und manchmal etwas wissen kann …)

Jetzt zurück zu unserem Aufschneider, der behauptet hatte, er *wisse*, was Lebenskönnerschaft sei, er *kenne* das Leben. Was werden wir ihm sonst zur Antwort geben (gesetzt den Fall, wir schwiegen nicht einfach)?

„Weißt du, was auf dich zukommen wird, du Maulheld? Das Leben könnte sich böse Überraschungen für dich bereitgelegt haben …"

Das werden wir ihm beispielsweise sagen. Denn auch das Leben ist *unvordenklich*, alltagssprachlich: es wartet mit Überraschungen auf und kommt manchmal erstens anders, zweitens als man denkt.

Und wer da behauptete, er wüßte, was ihn erwartet („Und mich betrügt man nicht …"), der täuscht sich nicht nur im Speziellen, was komisch ist, sondern meinte zu wissen, was er nicht wissen *kann*, was urkomisch ist. Er hätte *das Wesentliche* übersehen, daß das Leben zuweilen mit *Unerwartetem* überrascht und keine Vorsorge daran etwas ändert. Darum wird der wahre Lebenskenner sagen:

Ich weiß zwar nicht, was im Leben auf mich zukommen wird, ich hoffe aber, ich werde es meistern.

Weisheit sei, sagt Konfuzius:

„Was man weiß, als Wissen gelten lassen, was man nicht weiß, als Nichtwissen gelten lassen."

Im Blick auf unsere Frage: „Das Leben" ist kein Gegenstand möglichen Wissens, doch vieles von dem, was *im* Leben als Leben begegnet, kann man kennen, einzelnes, Aspekte.

Ihr seht, worauf es hinausläuft? Ein weiteres Mal auf die Unterscheidung von zweierlei Wissen, und das ist nötig, weil andernfalls von einer Aufklärung über Lebenskönnerschaft – wie ich sie hier mit meinem langen Brief ja zu geben versuche – Falsches erwartet würde.

Das ganze Leben ist kein Gegenstand des Könnens, es ist der unvordenkliche (auch un*aus*denkliche) *Rahmen*, innerhalb dessen wir uns zu *bewähren* haben – im einzelnen. Und auch nur im Blick auf einzelnes können wir „wissen" – so wie ich sagte: Immer nur etwas, nicht das Ganze.

An Christians Geschichte und unserer Reaktion darauf (also auch an Eurer) will ich das erläutern.

Ahnen wir nicht sehr genau, an welchen Stellen seiner Geschichte Christian ein Könner und wo er ein Stümper war? Doch jetzt fragt Euch: *Woher* wissen wir dies? Und wieder sind wir bei der Frage angelangt, die uns beschäftigt hatte, bevor ich begann, Geschichten zu erzählen, bei der „Schachspieler"-Frage: Wie wird einer ein guter Spieler? Oder: Was macht es, daß einer gut ist? Jetzt jedoch, *nach* den Geschichten, sieht die Frage schon anders aus und steht in anderem Licht da. Denn so viel ist sicherlich klar geworden: Was in den entscheidenden Augenblicken erforderlich und richtig war, ist *generell* – ein für alle Mal und wie für einen so für alle – *nicht* zu sagen. Das müssen wir zuerst verstanden haben. Nein, es ist damit, als frage jemand, wie ein guter Roman geschrieben werde. Ja, könnte die Antwort lauten, *schlechte*, kitschige Massenromane, die lassen sich allerdings nach „Schema F" schreiben, das kann man lernen. Aber einen vorzüglichen, einen „großen" Roman, einen, den wir „ein Werk" nennen würden, zu dem führt kein *allgemeiner* Weg, und keine Anweisung ist denkbar, wie er geschrieben werden müßte. Warum nicht?

Weil das, was wir „Größe" oder „Vorzüglichkeit" nennen, eben deshalb groß und vorzüglich ist, weil es „einmalig" oder „unvergleichlich", weil es ganz und gar *individuell* ist. Das gelungene Buch – wie das gelungene Leben – ist ein *Individuum*, ist *einzigartig*. Individuum est ineffabile. Anders übersetzt: Das Einzigartige ist unter kein Gesetz zu bringen (es „beachtet" Gesetze, aber das macht nicht seine Einzigartigkeit aus), das Einmalige wird von keiner Regel beschrieben. Es ist (wie Simmel sagte) „Mysterium".

Soviel war Vorarbeit. Jetzt exponiere ich mich mit einer Behauptung. Die lautet:

Wir haben – mehr oder weniger – einen *Sinn* fürs Individuelle, für das unvergleichlich Richtige. (Das ist Menschengabe!)

Und rasch setze ich hinzu:

Sofern wir diesen Sinn entwickeln, fördern wir unser Vermögen, uns im Leben und mit dem Leben auszukennen. *Auf diesem Wege geht es zur Lebenskönnerschaft.*

Darum sagte ich, die Lebenskönnerschaft gehe zur Weisheit in die Schule, und was sie dort zu hören bekomme, seien Geschichten. Denn das Hören von Geschichten entwickelt unseren Sinn fürs Einzigartige.

Wie für die Literatur, so gilt dies für die Musik (auch für die Malerei, die ich beiseite lasse; Beispiele muß man auswählen). Hört Euch die Sinfonien Beethovens an: Keine, die nicht für sich stünde, einen eigenen, einmaligen Charakter hätte. Das große Kunstwerk, heißt es, ist *sui generis*, nicht „der Fall" einer allgemeinen Art (oder Regel), sondern „ein Fall für sich". Die Wissenschaft mag sich um eine „Theorie der Sinfonie" bemühen – der bedeutende Komponist schreibt (jeweils) *diese eine.*

Doch jetzt die Frage, die uns interessiert (sie interessiert uns im Blick auf Lebenskönnerschaft und unsere Frage, wie wir Lebenskönner werden): Was hat den Komponisten denn dazu instand gesetzt? Wie wurde er ein Könner der Musik? Kaum wird er diese *eine* Sinfonie gemäß einer „Theorie der Sinfonie" oder nach einer Regelvorlage („Wie komponiert man Sinfonien?") geschrieben haben. Er orientiert sich also nicht an einem Schema. (Dabei käme nichts als Massenware heraus.)

Nein, er hat es auf anderem Wege dahin gebracht (von Talent, Genie, Begnadung – wie man einst sagte – einmal abgesehen). Er hat viele *Meisterwerke* gehört und studiert, er kennt die bedeutenden Werke allesamt, *und zwar als Individuen.* Er kennt, mit anderen Worten, *Vorbilder*, ohne sie als *Vorlagen* zu benutzen, und „kopieren" wird er schon gar nicht, was er bewundert. Beethoven hat sehr genau hingesehen, wie Bach und Mozart und Papa Haydn komponierten. Und was hat er aus Bach und Haydn und Mozart gemacht? Beethoven! (Das zweite Klavierkonzert, das eigentlich das erste ist, lasse ich beiseite. Ein Kenner hat von diesem reizenden Frühwerk in B-dur einmal gesagt, es sei das beste „Mozart-Konzert", das Beethoven je geschrieben habe …)

Aber jetzt, Ihr Lieben, liegen zwei Einwände auf der Hand, von denen der eine mir wenig, der andere schon eher Kopfzerbrechen bereitet. Der erste lautet: „Was sind denn das für Beispiele? Hattest du dir nicht eben noch, bevor du angefangen hast, Geschichten zu erzählen, die erdenklichste Mühe gegeben, das Wort »Lebenskunst« aus dem Spiele zu lassen? Und jetzt? Romane, Sinfonien, Kunstwerke! Wird da denn nicht die Fähigkeit, das Leben zu führen, mit einem Kunstwerk verglichen?" Der zweite – und schwierigere – lautet: „Wenn du uns mit den Genies und wenigen Auserwählten kommst, wenn du uns Bach und Beethoven und – wen hattest du noch? – Goethe als Exempel aufstellst, dann möchte ich wissen, an wen dein angeblicher Brief eigentlich adressiert ist! Sind wir denn Genies und »Begnadete«, wie du dich ausdrückst? Lebenskönnerschaft, denke ich, wird doch wohl auch ein Thema für »normale« Menschen sein, oder sind das einfach allesamt Stümper und Dilettanten, die man eben hinwurschteln lassen muß?"

Zum ersten Einwand. Legen die gewählten Beispiele nicht in der Tat den Eindruck nahe, Modell richtiger Lebensführung sei das Schaffen künstlerischer Werke?

Und ich antworte: Ja, der Eindruck mag naheliegen, jedoch die Folgerung ist falsch. Das Schlüsselwort der Kunst ist *Schönheit*, das der Lebenskönnerschaft *Weisheit*. Beiden allerdings ist eines vorderhand gemeinsam: Die Werke der Kunst wie das Tun der Weisheit sind einzigartig, unvergleichlich, Maß ihrer selbst, Individuen, Wirklichkeiten *sui generis*. Doch da ist ein Unterschied, der alles entscheidet, und das ist dieser: Wohl soll das Schöne wahr und das Wahre schön sein, doch der Weise wird, wenn er sich denn entscheiden müßte, der Wahrheit die Treue halten, selbst wenn sie unschön wäre, die Schönheit jedoch, die unwahr wäre, wird er sich weigern, schön zu nennen. (Ich erinnere an Grünewalds Isenheimer Altar!) Geprüft wird nicht der Schein, gewogen wird der Gehalt. Das wußte der Volksmund bereits, der sagte: „Nicht alles, was glänzt, ist Gold." *Das* ist Grundsatz der Lebenskönnerschaft.

Vor allem aber: Mehr noch als das Schöne ist das Wahre individuell! Einer der tiefsten, abgründigsten, zugleich erhellendsten Sätze aller überlieferten Philosophie ist dieser Satz des Spinoza, den ich freilich nicht erläutern, sondern nur mitteilen werde:

> *Sanè sicut lux seipsam, et tenebras manifestat, sic*
> *veritas norma sui, et falsi est.*
> (Wahrlich wie das Licht sich selbst und die Finsternis
> offenbart, so ist die Wahrheit die Richtschnur ihrer
> selbst und des Falschen.)

Das sollte als Motto über ein Buch zur Lebenskönnerschaft gesetzt sein! Und meldete sich ein Möchtegern-Pilatus zu Wort, ein Zyniker heute, und fragte mit müder Überheblichkeit:

„Was ist Wahrheit?"

– gäbe ich ihm nichts anderes zur Antwort als jenen tiefsten Satz des Spinoza und sagte dazu: Darüber denke nach! (Was er lassen wird, denn andernfalls wäre es um seinen Zynismus geschehen …)

Unter uns allerdings, unter Nicht-Zynikern, bin ich sehr wohl bereit, diese gründlichste (auf den letzten Grund gehende) Frage noch einmal zu wiederholen, in allem Ernst, das heißt weder müde noch überheblich:

Was ist Wahrheit?

Ich weiß es Euch nicht umfassend zu sagen, doch im Blick auf unser Thema, also mit der Lebenskönnerschaft im Auge, weiß ich es:

Die gelebte Wahrheit heißt Weisheit.

Und Weisheit ist geläutertes Leben, aber kein Kunststück.

Soviel zum ersten Einwand, der mir wenig Kopfzerbrechen bereitet hat.

Nun aber der zweite, der ganz anders fordert und sich inzwischen bestärkt finden könnte. „Weisheit als gelebte Wahrheit –“, könnte er lauten, „was für riesenhafte, erdrückende Worte! Geht es nicht ein paar Nummern kleiner? Vielleicht nicht ganz so hoch hinaus? Hier die Lampe macht die Stube hell, nicht die Sterne dort oben.“

Das Bild – Lampe und Stern – ist (vorerst einmal) gut getroffen. Das räume ich gerne ein. Es ist seinerseits ein *erhellendes* Bild. Auch das gestehe ich zu. Dann aber fahre ich fort: Die Philosophie stellt einen *hohen* Anspruch an uns, das ist wahr, doch damit *ehrt* sie uns auch, achtet sie uns *hoch*. Was aber das Bild mit den Sternen betrifft, so läßt es mich an eine der schönsten Stellen in einem der bedeutendsten Werke der Philosophie denken, an den „Beschluß“, den Kant seiner „Kritik der praktischen Vernunft“ mitgegeben hat. Der beginnt wie folgt:

„Zwei Dinge erfüllen das Gemüt mit immer neuer und zunehmender Bewunderung und Ehrfurcht, je öfter und anhaltender sich das Nachdenken damit beschäftigt: der bestirnte Himmel über mir und das moralische Gesetz in mir. Beide darf ich nicht als in Dunkelheiten verhüllt, oder im Überschwenglichen, außer meinem Gesichtskreise suchen und bloß vermuten; ich sehe sie vor mir und verknüpfe sie unmittelbar mit dem Bewußtsein meiner Existenz. Das erste fängt von dem Platze an, den ich in der äußern Sinnenwelt einnehme, und erweitert die Verknüpfung, darin ich stehe, ins unabsehlich Große mit Welten über Welten und Systemen von Systemen, überdem noch in grenzenlose Zeiten ihrer periodischen Bewegung, deren Anfang und Fortdauer. Das zweite fängt von meinem unsichtbaren Selbst, meiner Persönlichkeit, an und stellt mich in einer Welt dar, die wahre Unendlichkeit hat, aber nur dem Verstande spürbar ist, und mit welcher (dadurch aber auch zugleich mit allen jenen sichtbaren Welten) ich mich nicht wie dort in bloß zufälliger, sondern allgemeiner und notwendiger Verknüpfung erkenne. Der erstere Anblick einer zahllosen Weltenmenge vernichtet gleichsam meine Wichtigkeit, als eines tierischen Geschöpfs, das die Materie, daraus es ward, dem Planeten (einem bloßen Punkt im Weltall) wieder zurückgeben muß, nachdem es eine kurze Zeit (man weiß nicht wie) mit Lebenskraft versehen gewesen. Der zweite erhebt dagegen meinen Wert, als einer Intelligenz, unendlich durch meine Persönlichkeit, in welcher das moralische Gesetz mir ein von der Tierheit und selbst von der ganzen Sinnenwelt unabhängiges Leben offenbart, wenigstens so viel sich aus der zweckmäßigen Bestimmung meines Daseins durch dieses Gesetz, welche nicht auf Bedingungen und Grenzen dieses Lebens eingeschränkt ist, sondern ins Unendliche geht, abnehmen läßt." Mancher, ich weiß es wohl, der dieses „schöne" Wort zitiert vom „bestirnten Himmel über mir", verbindet damit allerdings etwas ganz anderes, als Kant dies tat. Er wird sich womöglich im romantischen Gefühl der Erhabenheit wärmen, sich dem Weiten und Unendlichen zurechnen, vielleicht ins

135

Schwärmen geraten: Zu dieser unendlichen, unermeßlichen Welt gehöre er usw.

Überlassen wir ihn seiner erhebenden, ozeanischen Empfindung. Kant hatte anderes mit seinem Hinweis auf den Himmel über uns im Sinn: Die Sterne über uns lehrten uns unsere Kleinheit erfahren, die Erhabenheit des überwältigend Großen führe uns unmißverständlich die Nichtigkeit unserer kleinen, alles andere als erhabenen Welt vor Augen. Davon ist die Rede.

Jetzt aber: Dies ganz und recht zu spüren und sich zu Herzen zu nehmen macht die *Größe* des Menschen aus, *das Bewußtsein seiner Beschränktheit im Angesicht des Unbeschränkten* und Unendlichen, des Vollkommenen, Vortrefflichen, Gelungenen, Einzigartigen, des Überzeugenden, Überwältigenden, Großartigen – und Wahren.

Noch einmal: Groß macht den Menschen nicht seine Beschränktheit – natürlich nicht, die läßt ihn nur spießig und lächerlich oder borniert und komisch sein. *Groß* macht ihn, daß er *bewundern, verehren* und *anerkennen* kann, was *über* ihm ist, was *weiter* ist als er, was *auf der Höhe* steht und was er *sehen* kann, auch wenn er nicht hinauf gelangt. Das ist das korrigierte Sternenbild: Sie leuchten mir in der Tat den Pfad vor meinen Füßen nicht aus, aber *in mir* kann es hell werden angesichts des „bestirnten Himmels über mir".

Ich hoffe (und glaube), das konnte ich *Euch* an Euer Herz legen – beim *letzten Menschen* ist damit nichts auszurichten … Der will etwas sein, indem er nichts über sich weiß – oder duldet. Er ist der kleine Mensch, der alles klein macht, der Mensch des Ressentiments. „Wir sind die Größten", sagen die letzten Menschen und blinzeln. Darum sollen sie uns (im Nietzsche-Ton) „die Kleinen" heißen.

Ich sagte, der zweite Einwand mache mir Sorgen. Ich habe Kant als Antwort bemüht, doch um mir herauszuhelfen, bemühe ich noch zwei weitere Stimmen, die gewichtigsten, die für mich einspringen können: Goethe zuerst, danach Nietzsche.

„Nicht das macht frei, daß wir nichts über uns anerkennen wollen, sondern eben, daß wir etwas verehren, das über uns ist. Denn indem wir es verehren, heben wir uns zu ihm hinauf und legen durch unsere Anerkennung an den Tag, daß wir selber das Höhere in uns tragen und wert sind, seinesgleichen zu sein."

So Goethe in einem Gespräch mit Eckermann. Und nun, in unmittelbarem Anschluß, Nietzsche:

„Aber wie finden wir uns selbst […]? Wie kann sich der Mensch kennen? […] Die junge Seele sehe auf das Leben zurück mit der Frage: was hast du bis jetzt wahrhaft geliebt, was hat deine Seele hinangezogen, was hat sie beherrscht und zugleich beglückt? Stelle dir die Reihe dieser verehrten Gegenstände vor dir auf, und vielleicht ergeben sie dir, durch ihr Wesen und ihre Folge, ein Gesetz, das Grundgesetz deines eigentlichen Selbst. Vergleiche diese Gegenstände, sieh, wie einer den andern ergänzt, erweitert, überbietet, verklärt, wie sie eine Stufenleiter bilden, auf welcher du bis jetzt zu dir selbst hingeklettert bist; denn dein wahres Wesen liegt nicht tief verborgen in dir, sondern unermeßlich hoch über dir oder wenigstens über dem, was du gewöhnlich als dein Ich nimmst."

Darf ich die vorgetragenen Einwände als ausreichend gewürdigt und beantwortet betrachten?

Dann fasse ich das erreichte Resultat in einem sehr einfachen Satz zusammen: Weise ist es, die Weisheit zu *lieben* – und wäre es etwa ausgemacht, daß wir nur lieben können, was wir selber *sind* …?

Immer wieder ist es dieses eine – uns fast ausgestorbene – Wort, zu dem ich zurückkehre: Weisheit. Und das zu Recht, denn in diesem Wort haben die nachdenklichen Menschen – übrigens im Osten wie bei uns im Westen – die höchsten Vorstellungen des Menschenmöglichen versammelt. Wenige Sätze des Konfuzius mögen dafür zeugen:

„Der Edle versteht sich auf Gerechtigkeit, der Gemeine auf Profit. Der Edle ist ruhig und gelassen, der Gemeine beständig voller Ängste. Der Edle ist verträglich, ohne sich gemein zu machen, der Gemeine macht sich mit aller Welt gemein, ohne verträglich zu sein. Der Edle ist würdevoll ohne Hochmut, der Gemeine hochmütig ohne Würde. Der Edle bleibt fest in der Not, der Gemeine gerät in Not außer Rand und Band. Der Edle geht bei sich selbst auf die Suche, der Gemeine geht bei Anderen auf die Suche. [...] Er [der Edle] macht sich selber recht und verlangt nichts von anderen Menschen; er bleibt frei von Groll. Er scheut sich davor, daß seine Worte seine Taten übertreffen."

So stellte Karl Jaspers („Die maßgebenden Menschen") aus zahlreichen Lehrsätzen des Konfuzius dessen Bild des Edlen oder Weisen zusammen. Das ist das Bild des Lebenskönners.

Drei Sätze des Meisters, die Jaspers nicht aufnahm, setze ich noch hinzu:

„Er ist zurückhaltend, wenn er etwas nicht versteht."

„Er ist selbstbewußt, aber nicht rechthaberisch."

„Der Edle läßt sich nicht wie ein Werkzeug behandeln."

Sollte das nur für den Menschen im „Reich der Mitte" gesagt sein? Ich sage Euch aber, warum ich diese unüberholbaren Sätze des Meisters Kung zitiert habe: Einen Irrtum nämlich, eine sehr verbreitete Verwechslung, habe ich noch auszuräumen, bevor ich unser Thema mit einer letzten Frage beschwere und danach (im musikalischen Bild) zu einem forcierten Scherzo und Kehraus anhebe. Ich habe noch klarzustellen –

gewissermaßen hat es Meister Kung bereits getan –, daß Le-Lebenskönnerschaft, die unter dem Leitbild der Weisheit steht, nicht mit Klugheit zu verwechseln ist. Sie kommt nicht ohne Klugheit aus, hat aber mehr im Blick als diese.

Doch zu dieser letzten, fälligen Unterscheidung morgen mehr. Ich habe die vergangenen Tage nahezu ununterbrochen an unserem Brief (er ist ja „mein" wie „Euer" Brief) gearbeitet. Inzwischen ist Samstag abend. Ich werde die „Vier letzten Lie-der" von Richard Strauss hören und dann schlafen gehen. Gute Nacht!

Ihr Lieben, Weisheit oder Klugheit? Was ist der Unterschied? Setzte ich ihn mit einfacher „Definition" fest, könnte die Abwehr *eines* Mißverständnisses leicht das *nächste* anrichten. Denn der Begriff der Klugheit – wie alle, zumal philosophischen Begriffe – ist ein geschichtliches Wesen. Und wohl ist wahr, was Kierkegaard sagte:

> „Die Begriffe haben [...] ebenso wie die Individuen ihre Geschichte und vermögen es ebensowenig wie diese, der Gewalt der Zeit zu widerstehen, aber bei alledem und mit alledem behalten sie gleichwohl eine Art Heimweh nach ihrer Geburtsstätte."

Im Falle der Klugheit allerdings, fürchte ich, wird es dem Bestgesonnenen nicht gelingen, dem Wort die Fülle und Tiefe zurückzuerobern, die ihm an der Stätte seiner Geburt, in Griechenland, in die Wiege gelegt wurde. Was den Griechen Klugheit hieß, φρόνησις (phronesis), dann in Rom und noch im hohen Mittelalter *prudentia*, stand der Weisheit nicht nur nah, es galt ihr fast als ebenbürtig. Für Thomas von Aquin war sie die Mutter („Gebärerin") aller Tugenden. In höherem Ansehen könnte sie bei dem Dominikaner wohl kaum stehen.

Soviel, um diesem Mißverständnis vorzubeugen. Und nun, nach dieser nötigen Klärung, was ich (dem heutigen Wortverständnis sicherlich näher) meine, wenn ich von Klugheit spreche, *ohne* die zwar niemand Lebenskönner ist, *mit* der die Lebenskönnerschaft aber nicht verwechselt werden sollte.

Klugheit ist das Vermögen, für gegebene (beliebige) Zwecke die geeigneten Mittel zu kennen, sowie die Geschicklichkeit, sich ihrer zum eigenen Vorteil zu bedienen.

Hat wohl diese Definition schon genügt, um verständlich zu machen, warum ich den größten Wert darauf lege, daß man mir Lebenskönnerschaft nicht mit Klugheit verwechselt?

Was ist denn wohl der erste Gedanke, der jemandem kommen mag, wenn er etwas von Lebenskönnerschaft hört? Ein Lebenskönner, wird er denken, ist einer, der im Leben erreicht, was er sich wünscht, der bekommt, was er will, der schafft, was er sich erträumt. Und wenn es dabei hapert, fragt er sich, wo er eventuell Nachhilfe erhalten könnte. Er kauft sich beispielsweise ein Buch mit dem verheißungsvollen und Hoffnung machenden Titel:

„How to Win Friends and Influence People".

Oder: „Wie mache ich meine erste Million?" Oder: „Regeln erfolgreicher Menschenführung". Nett wäre auch: „Wie zähme ich meinen Mann – und ertrage ich ihn, wenn er gezähmt ist?" Vielleicht noch wichtiger: „Wie beruhige ich meine Frau?" Es ließe sich eine hübsche, nicht endende Aufzählung solcher allesamt dringenden und berechtigten Lebenshilfe-Themen denken. Ich verzichte darauf. Ihr habt mich längst verstanden ...

Was ist ihnen allen gemeinsam? Sie versprechen, Mittel an die Hand zu geben, die zu den erträumten Zielen führen. Einer möchte gern seine erste Million „machen". Nun schön, wenn er's schafft, hat er's klug angestellt. Ist er ein Lebenskönner? Wer sagt uns denn, ob dieser windige Mensch, wenn er das Geld hat, das er wollte, nicht vollends unerträglich wird? Und der andere, der denkt, wenn er bekomme, was er sich wünscht, werde „alles gut" sein: Sollte da noch nie ein Zweifel aufgekommen sein, ob wir es überhaupt verstehen, *recht zu wünschen*? Zahllose Märchen sind diesbezüglich weiser: Die dumme Frau, weil ihr der Bauch befiehlt, wünscht sich das Würstchen in die Pfanne, der wütende Mann ihr die Wurst an die Nase, und mit dem dritten freien Wunsch muß endlich die Nase wieder von der Wurst befreit werden. Hebels Geschichte. Geht es nicht so?

Oder der Lebenskönner sei der, der schafft, was er sich erträumt? Ist da nicht zuerst zu fragen: *Was* wird da erträumt?

Ich las kürzlich, die Mehrzahl der kleinen Mädchen träume davon, Model zu werden (eine Altersfrage, Ihr versteht schon). Ist da nicht in manchem Fall zu wünschen, daß sie *nicht* können, was sie gern könnten?

Ich bin ausreichend deutlich geworden. Und ich mußte es werden, um von hier aus noch einen Blick zurück auf (durchaus „große") Literatur zu werfen, die – wenngleich nicht so vulgär und handgreiflich – doch auch im Dienste einer Lebenskönnerschaft steht, die der Klugheit zum Verwechseln ähnlich sieht. Nur zwei – der übrigens sehr lesenswerten und unterhaltsamen Werke – will ich erwähnen: Baltasar Graciáns „Handorakel und die Kunst der Weltklugheit" aus dem 17. und Adolph Freiherr von Knigges „Über den Umgang mit Menschen" aus dem 18. Jahrhundert.

Indem ich einen einzigen kurzen Blick in Graciáns kleines Büchlein werfe – immerhin von Schopenhauer ins Deutsche übertragen (und selbstverständlich glänzend!) –, kann ich sehr rasch vorführen, wo die Grenzen der Klugheit liegen – ich sollte weniger schüchtern sein und sagen: ihre Gefahren. Hört Euch die folgende Nummer an (es handelt sich jeweils um kurze, numerierte Abschnitte):

Abhängigkeit begründen. Den Götzen macht nicht der Vergolder, sondern der Anbeter. Wer klug ist, sieht lieber die Leute seiner bedürftig als ihm dankbar verbunden; sie am Seil der Hoffnung zu führen, ist Hofmannsart, sich auf ihre Dankbarkeit zu verlassen Bauernart; denn letztere ist so vergeßlich als erstere von gutem Gedächtnis. Man erlangt mehr von der Abhängigkeit als von der verpflichteten Höflichkeit: wer seinen Durst gelöscht hat, kehrt gleich der Quelle den Rücken, und die ausgequetschte Apfelsine fällt von der goldenen Schüssel in den Kot. Hat die Abhängigkeit ein Ende, so wird das gute Einvernehmen es auch bald finden und mit diesem die Hochachtung. Es sei also eine Hauptlehre aus der Erfahrung, daß man die Hoffnung zu erhalten, nie aber ganz zu befriedigen hat, vielmehr dafür sorgen soll, immerdar notwendig zu bleiben, sogar dem gekrönten Herrn. Jedoch soll man dies nicht so sehr übertreiben, daß man etwa schweige, damit er Fehler begehe, und soll nicht des eigenen Vorteils halber den fremden Schaden unheilbar machen."

Selbstverständlich ist das glänzend, erfahrungssatt, klug – und raffiniert gedacht. Wer keine andere Rücksicht kennt als seinen Vorteil, ist von Gracián wie damals so heute gut beraten. (Dasselbe gilt für die Schriften des Niccolò Machiavelli, und eine besonders reizvolle und tiefgründige Frage wäre, warum guter Stil so auffällig häufig dem schwarzmalenden Geist zu Gebote steht.)

Und doch ist solche Klugheit nicht weit entfernt vom Zynismus, mit dem der Geschäftsführer einer Werbeagentur, die für katholische Bistümer eine „Kommunikationsoffensive" entwarf, bei der Vorstellung der gemeinsamen Arbeit als seine „Erfolgsregel" preisgab:

„Der Köder muß dem Fisch schmecken, nicht dem Angler"? Das ist geredet klug wie die Schlange – freilich fehlt das „ohne Falsch wie die Taube". (Lassen wir beiseite, daß die Tauben listige Viecher sind, das wußte der Herr mutmaßlich nicht – er war kein Ethologe ...)

Zur Sache: Was unterscheidet Lebenskönnerschaft, die sich an Weisheit orientiert und darin ihre Selbstachtung findet, von allem Lebensvirtuosentum, das auf Klugheit berechnet ist? Ernst Bloch hat das mit der gehörigen Schärfe klargestellt:

„Wird ein Kopf klug genannt, so meint das noch wenig. Das kann ein Lump sein [...] Durchaus lassen sich kluge Betrüger finden, aber es hat noch nie einen weisen gegeben."

Werde einer als weise bezeichnet, so gelte:

„Eitles, Wendiges, gar zum Bösen Brauchbares hat dann keinen Platz, hier wird schlechthin vertraut."

Das soll mir Lebenskönnerschaft heißen: Das Leben so führen, daß ihm schlechthin vertraut werden darf. Da hat keine Schlitzohrigkeit Zutritt, kein Blick durch die Finger, da ist keine Fünf gerade, und da gibt es schon gar nichts, das zwielichtig wäre und darum scheuen müßte, an den Tag zu kommen.

Lebenskönnerschaft heißt: Sein Leben *meistern.* Aber darauf kommt es an: „Meistern" heißt nicht „irgendwie", sondern *vorbildlich.* Wer sein Leben meistert, macht das Beste, was in ihm steckt, *wahr.* Er lebt so, daß sich sein Leben „sehen lassen kann".

Und nun macht Euch darauf gefaßt, daß ich Euch überfalle, daß ich Euch *mit einer einzigen* Frage anspringe, die, wenn sie beantwortet ist, wie mit einem Schlag den Ernst und Anspruch klarstellt, den ich uns eingehandelt habe, wenn ich von Lebenskönnerschaft spreche. Ich sagte:

Das meisterlich gelebte Leben ist der Art, daß es sich „sehen lassen" kann. Jetzt die Frage:

Vor wem?

Soll ich einen Augenblick lang innehalten? Spürt Ihr das Gewicht – vielleicht das allzu schwere Gewicht –, das mit dieser knappen, lakonischen Erkundigung an die Idee der Lebenskönnerschaft gehängt wird …?

Ist herauszuhören, daß es ernst wird, daß sich mit dieser – nur scheinbar simplen Bitte um Auskunft – das Schwergewicht der Philosophie darauf gelegt hat?

Womöglich auch, daß mit dieser Frage „Vor wem?" der Punkt erreicht ist, von dem an kein Zurück mehr möglich ist?

Daß mit der Beantwortung dieses kurzen Zwischenrufs entschieden wird, worum es letztlich geht, worauf es ankommt?

Nein? Oder doch noch nicht so ganz?

Dann laßt mich die möglichen Antworten, eine nach der andern, hintereinanderstellen und kurz bedenken, dann wird schon deutlich werden, um was es geht …

Gesetzt also, das Leben des Lebenskönners sei der Art, daß es sich „sehen lassen kann". Daran knüpfte ich die Frage:

„Vor wem?"

Sehen wir uns die erste mögliche Antwort an:

Vor den lieben Nächsten, Angehörigen, Nachbarn, Arbeitskollegen, Studienkommilitonen und was sonst im engeren Kreis an Zuschauern und Zeugen unseres Lebens anzutreffen ist. Die Antwort hieße: Wer sich dort „sehen lassen kann", hat bestanden.

Gut. Wollen wir sagen, daß dies die geläufige Antwort ist (ob sie nun als solche ausgesprochen wird oder nicht)? Ich bin überzeugt, das dürfen wir behaupten. Was folgt daraus?

Wer im Sinne dieser Auskunft lebt, ist um seinen „guten Ruf" besorgt, achtet darauf, im Kreise seiner Lieben nicht anzuecken, er streckt sich nach der Decke, unter der er Unterschlupf sucht, er tariert sein Verhalten nach dem „der andern" aus – mit einem Wort: Er bewährt sich als soziales, genauer: als das sich selbst sozialisierende Wesen. Er fügt sich in die Form, die er vorfand, und wenn's gelingt, ist sein Leben schließlich „wie das der andern".

Doch am liebsten möchte ich jetzt rufen: „Vorsicht!" Denn so dargestellt, sind wir allzuleicht verführt, über diese – sicherlich verbreitetste – Lebensorientierung den Stab zu brechen und sie als angepaßt, unselbständig, langweilig oder „außengeleitet" (wie David Riesman sie nannte) abzutun! Das aber wäre gefährlich, und wenn nicht dies, so unbedacht und voreilig.

Denn tatsächlich gilt: Wären wir Menschen nicht fähig, uns an „den anderen" zu orientieren, und das heißt: zu erkennen und somit zu erwarten, was sie von uns erwarten, um uns darauf einzustellen, wäre ein Leben in einer Gesellschaft nicht möglich. Gemeinschaften werden, wie Luhmann dies nannte, über „die Form von Erwartungserwartungen" geregelt.

Wie also wollen wir uns zu dieser Frage stellen? Vielleicht so, daß wir anerkennen, diese Menschenbegabung und Fähigkeit, uns an den andern zu orientieren, ist wohl eine Bedingung, die jeder Lebenskönner *auch* erfüllt, aber nicht die einzige, vor allem nicht die letzte und die entscheidende auch nicht.

Sehen wir uns die zweite mögliche Antwort an:

Das Leben kann sich sehen lassen, wenn ihm die vielen oder meisten zustimmen, die Masse, wenn ihm öffentlich applaudiert wird. Ich weiß, so ausgesprochen, liegt der Einspruch schon zwischen den Zeilen. Aber darf ich wohl – beiläufig genug – daran erinnern, daß dieser Grundsatz (mit unerträglicher Penetranz) gegenwärtig die Leben einreguliert? Gut ist, was *Erfolg* hat! Wie? Nicht umgekehrt? Muß nicht gerade mittelmäßig, kleinkariert, anbiederisch sein, was beklatscht werden möchte? Zugeständnisse machen wir, wenn unsere Kinder sagen: „Das machen doch *alle.*" Was allerdings schwer zu ertragen ist, ist eine Welt, in der *alle* so reden und denken und danach handeln.

Ich halte mich mit diesem unerfreulichen Thema nicht auf, ich zitiere – abkürzungshalber – Seneca und den französischen Moralisten Chamfort. Seneca:

Vitate, quaecumque vulgo placent.

(Meidet alles, was der Masse gefällt.)

Und Chamfort:

„Man kann wetten, daß jede öffentliche Meinung, jede allgemeine Konvention eine Dummheit ist, denn sie hat der großen Menge gefallen."

So gibt man solchen „Anschauungen" Bescheid. Man hält sich nicht damit auf – nicht *obgleich* sie, sondern *weil* sie verbreitet sind. Weiß nicht jeder, der auch nur wenige Sekunden sich besinnt, daß Chamfort mit seiner bissigen Wahrheit recht hat, und Senecas Ratschlag besonnen ist – daß wir beiden unsere Zustimmung schlechterdings nicht versagen können?

Sehen wir uns die dritte mögliche Antwort an:

Unser Leben kann sich sehen lassen, sofern es vor uns selbst besteht. Diese Antwort allerdings verrät Selbstbewußtsein, Autonomie, Unabhängigkeit – wer so redet, weiß von sich (wie das Nietzsche nannte), daß er das Tier ist, „das sich versprechen darf". Er kennt ein Gewissen, das Aufsicht führt. Das befreit ihn von der Aufsicht durch die andern. Er hat auch begriffen: Wenn es mir darum geht, den, der mich anerkennt, meinerseits anerkennen zu können, dann werde ich mich im Zweifelsfall an mich selber halten: Ich bin mir der strengste Zuschauer. Wenn zu entscheiden ist, messe ich eher noch das Urteil der andern an meinem als meines an ihrem ... Wer stünde mir denn auch näher, und wer wäre berufener, mir – falls es denn nötig wäre – hinter die Schliche zu kommen? Die andern mögen sich in mir täuschen – ich nicht.

Da spricht zweifellos die Stimme dessen, der auf dem Weg zur Lebenskönnerschaft ist – vielleicht hat er ihn schon erreicht. Es ist die Stimme der alten *Meister*. Wußten sie nicht, daß *sie* ihr Werk besser und gediegener und kompetenter beurteilten als die Kunden? Von den Gesellen zu schweigen. Ihr Ethos, das Lebenskönner-Ethos lautete: *Ich* stehe gerade für das, was ich tue.

Nur eine Frage blieb offen: Wie hat sich der, der so reden darf, die Schärfe und Unnachsichtigkeit seines genauen, *belehrten* Gewissens erworben?

Ihr Lieben – ich hatte es Euch gestanden: Ich konnte dies Buch nicht schreiben – noch nicht jedenfalls. Bin *ich* denn ein Lebenskönner? Ich bemühe mich, eher recht als schlecht das Leben zu meistern. – So hier. Also tat ich, was ich konnte: Statt *es* zu schreiben, schrieb ich *Euch*. Nehmt damit vorlieb (was für ein schönes, vom Aussterben bedrohtes Wort ...).

Ich weiß wohl: Manchem von Euch wird das „Konkrete", das Eindeutige und Anweisende gefehlt haben, die Richtschnur, die klare Empfehlung. Doch soweit es Euch darum gegangen sein sollte – und nicht so sehr um die Solidität, die solche Empfehlung erst berechtigt –, soll es mir ein Leichtes sein, Euch zum Schluß einige wenige Ratschläge mit auf den Weg zu geben. Sie sind sehr „persönlich", kleine Geständnisse meiner Vorlieben – und sicherlich kein „Kanon". Hier sind sie:

Schaltet im Radio die Plastikmusik aus, hört Bach (ihn immer!), hört den so klaren wie witzigen Haydn, das Himmelskind Mozart, den unerbittlichen Beethoven, den traurig träumenden Schubert, den melancholischen Schumann, den grüblerisch vertrackten Brahms, setzt Euch den Verführungskünsten Wagners aus, betet mit Bruckner, leidet mit Berg und feiert mit Meister Richard Strauß (er ist der alles versammelnde Könner) den Abgesang auf die große, klassische Musik, die unsere Gefühle und Empfindungen, unseren Schmerz, unsere Heiterkeit, unsere Lust am Leben und unser Hoffen auf ein gutes Sterben zum Ausdruck brachte, hört seine „Vier letzten Lieder", mit denen sich der zu Tode Kranke von der Welt verabschiedet hat.

Schaltet den Fernsehapparat aus – er verblödet Euch! –, geht statt dessen hinaus in die frische Luft, wandert, freut Euch Eurer Einsamkeit, geht nicht nur tags, geht nachts hinaus, besinnt Euch auf Euch angesichts des „bestirnten Himmels" über Euch; schert Euch nicht so viel um Eure Gesundheit: das macht Euch nur krank und kranker, Ihr verkümmert mir ja an Euren Sorgen! Sterben werden wir auf diese oder jene Weise und früher, als uns lieb ist – aber mancher riecht schon nach Gruft, bevor er hinabfährt. Trauert nicht nach, verzeiht, seid nachsichtig, lauter, seht zu, an welchem Ende Ihr den roten Faden Eures Lebens zu fassen bekommt, und dann haltet ihn fest – und findet ihr keinen, zwirnt einen hinein! Nietzsches kluger Ratschlag (Seite 137) wird Euch dabei helfen! Bleibt Eurem besten Vorsatz treu, auch wenn Ihr fehlt und ihn nicht verwirklicht – er ist Euer Traum, der Euch voraus ist! Laßt Euch nicht irremachen von den täglichen kleinen Bedenken – der Tag bringt's, der Tag nimmt's wieder mit sich fort –, sagt: Ich will nicht *diesen*, ich will *alle* Tage zählen! Was machen ein paar dunkle Tage (oder Jahre) aus, wenn es hell wurde in mir? Mancher ging überhaupt erst im Dunklen als ein Licht auf, für sich und andere – und wenn die Finsterlinge es nicht begriffen, was soll's?

Drängt Euch nicht vor – in der ersten Reihe stehen glatte, unsympathische Typen, die Ihren Applaus dahin haben … –, doch verkriecht Euch auch nicht in Eurer Ecke! Seid Ihr denn als Würmer und Staubhühner auf die Welt gekommen?

Und dann vor allem: Lest die Bücher, die es in sich haben! Denkt daran: Die Lebenskönnerschaft geht bei der Weisheit in die Schule, um dort Geschichten zu hören! Lest den Homer, Jahrhunderte hat er an seinen Brüsten genährt – man kann trunken daran werden! Lest Sophokles, denn wer nicht einmal mit Antigone litt, wer die Schwester, Ismene, nicht gründlich verachten lernte, der weiß nicht, was gerade und was wurmkrumm ist. Shakespeare! Wie wollten wir weise werden ohne ihn? Womöglich wissen wir erst seit ihm, was Höhe ist, die sich nicht reckt, und Größe, die nicht erdrückt. Lest, sofern Ihr's Euch zutraut (er ist ein Koloß, ein Brocken) – lest Goethe! „Die Wahlverwandtschaften", eine Pflicht für alle, die sich in Lebenskönnerschaft üben wollen, die beiden Meister-Romane, den Faust (dafür könnt Ihr Euch ein kleines Leben reservieren …, Ihr werdet nicht damit fertig), lest den guten, klaren, bissigen, aufrechten Lessing – der geradeste Mensch, der je deutsch geschrieben hat – die Russen, Tolstoj, Dostojewskij, Gorkij, den nachdenklichen Fontane (den „Stechlin" allen voran – den gleich mehrfach!), Schiller habe ich vergessen (und hätte ihn nicht vergessen dürfen, er vor allem ist als Philosoph unschätzbar), Wallenstein, Don Carlos – da lesen wir uns Menschen in unser Herz, die aufrecht standen –, unsere Romantiker, Novalis ist eine Fundgrube, Tieck ein Abenteuer, lest Kellers „Grünen Heinrich" und Stifters „Nachsommer", Hebbels Tagebücher, und dann, daran kommt Ihr nicht vorbei, wenn Ihr Euch in fälliger Weise mit den wichtigsten Fragen befassen möchtet (das ist: was aus den Menschen wurde), lest Thomas Mann, *alle* Romane, ich zähle sie hier nicht auf, vor allem laßt den Joseph nicht aus! Und wenn Ihr Euch überprüfen wollt, ob die Kirche Euer Herz klein und eckig oder der Glaube es weit und heiter gemacht hat, lest den „Erwählten": die wahre Frömmigkeit als Schelmenroman! Tiefsinn, nach dem Wort Hofmannsthals, an der Oberfläche versteckt … – seht, ob Ihr ihn dort zu entdecken vermögt! Ich weiß, unendlich Vieles habe ich vergessen im Moment – es ist inzwischen sehr spät, ich schreibe längst nicht mehr, ich lasse die Worte aus dem Hemdsärmel fließen … Die Kunst! – noch kein Wort von ihr, doch wie will *sehen* lernen, wer nie die Bilder Picassos, Klees, Goyas und der vielen anderen sah? Sie waren *Meister* der offenen Augen!

Und die Philosophen – fragt Ihr? Natürlich … Wie viele Male habt Ihr die Apologie des Sokrates gelesen? Wer sinnlich, anschaulich, erlebbar wissen möchte, was ein Lebenskönner ist, ein unbestechlicher, aufrechter, unerschrockener Meister, der Witz und Humor noch an der Schwelle zur Todeszelle bewahrt und bewährt, der muß die Apologie lesen. Und sonst? Seneca, die Briefe, Epiktet, Mark Aurel, meinen Freund Michel de Montaigne, Schopenhauer (für den Einstieg: die „Aphorismen zur Lebensweisheit"), Nietzsche. (Mit diesen fangt an!)

Schluß! Oder – eines noch. Eine Bemerkung. Ich sagte im vorigen Kapitel – aber Kapitel hatte mein Brief ja nicht –, Lebenskönnerschaft lasse das Leben so leben, daß es sich sehen lassen kann. Und fragte: Vor wem? Drei Antworten gab ich. Eine vierte will ich noch wagen. Die Alten hätten uns gesagt – und das Äußerste damit gewagt – die letzte, entscheidende, allem Urteil das Maß setzende „Instanz" sei der Gott. Und wir? Wer unter uns sich rühmt und sagt, er kenne ihn, weiß nicht, was er redet. Wahrscheinlich ist es ein Gottesdummer, der uns da lehren will … Doch eines glaube auch ich zu wissen, und das will ich Euch noch sagen: Dem 19. Jahrhundert galt als der Schrecken, Gott sei „tot". Das 20. betätigte sich als der Schrecken. Unserm Jahrhundert aber, das soeben begann, steht ein anderer Schrecken bevor – die bange Ahnung, er könne *nicht* tot sein. Wäre dies aber wahr, wäre auch klar, was Lebenskönnerschaft hieße: das Leben unter *seinen* Augen, mit denen *wir* sehen lernten.

Und *noch* eines, Ihr Lieben! Jetzt, da mein Brief an Euch zu Ende kommt, weiß ich, welche Themen „eigentlich" in ein Buch zur Lebenskönnerschaft gehörten. Ich will sie Euch jedenfalls nennen: rechter Sinn, Hoffnung, Liebe, Glaube, dringlicher noch: Zynismus, die Kälte und das rechnende Kalkül, die Genauigkeit des Empfindens, die Rechenschaftspflicht des Gefühls, die Tiefe der Ahnung, das Denken des Herzens (letzteres: eine Wendung Hegels …); die große und die verkleinernde Einsamkeit, das befreiende und das verwickelnde Vertrauen, die billige Lustigkeit und der Humor mit Trauerflor, das lässige Vertagen und die geprüfte Zuversicht, Geduld, Verzeihen, nicht zuletzt Demut (darunter ist etliches, das ich mir für mein Buch vorgenommen hatte …); daß wir alt und lausig werden, wäre ein Thema, daß wir jung und blöd sind, ein anderes, daß wir „in den besten Jahren" stehen und unser Geschäft uns eng und stutzig macht fürs Beste, wäre eines; daß wir nichts *mehr* uns wünschen, als geliebt zu werden und lieben zu dürfen, wäre eines – und dann die Frage, warum dies so oft scheitert und schiefgeht … (Fragen für den philosophischen Praktiker). Oder: der gedungene Leib und die Fassung der Seele, das elende Verdämmern und aufrechte Sterben, Erlösung, Rettung, Heimkehr und Wiedersehen, Ausgang in den Eingang.

Ich breche ab, denn abbrechen muß ich. Selbst für Briefe gelten Regeln: sie dürfen dick, doch nicht *zu* dick sein.

Sloterdijk hatte zur Eröffnung seiner Elmauer Rede, diesem Fressen für den skandalbegierigen intellektuellen Mob, ein Wort von Jean Paul zitiert: Bücher seien „dickere Briefe an Freunde". Ich kenne aus dessen „Vorschule der Ästhetik" nur die (nicht ganz so schöne Wendung): sie seien „größere Briefe an das Publikum", womit er die Art Bücher meinte, wie er sie schrieb und liebte: Bücher von „jener angenehmen Nachlässigkeit, die man in kleineren Briefen so achtet und genießt". Na, ob jene oder diese Variante – ich halte es mit beiden.

Und damit sage ich Euch Adieu. Oder nein. Nach allem, was wir miteinander durchgemacht haben, wäre das wohl kaum das „wahrhaft Passende". Ich sage: Lebt *recht wohl!*

Und wenn Ihr meint, Ihr wolltet mir schreiben, irgend etwas, was Ihr mir schreiben möchtet nach der Lektüre meines Briefes – schreibt mir! Ich werde sehen, wie ich Euch meine

Antwort zukommen lasse. Vielleicht als Buch? Den Titel wüßte ich:

Lebenskönnerschaft
Das Buch zum Brief

Seid herzlich und lieb gegrüßt! Wie lange noch haben wir denn Gelegenheit, uns zu sehen?

Euer G. B. A.

PS. Zuletzt ein Wort von Seneca, von dem ich mir den Kopfschmuck ausgeborgt hatte: Vita non quam diu, sed quam bene acta sit, refert. Es kommt nicht darauf an, wie lange, sondern wie gut man gelebt hat. – Allerletzte Frage: Was ist *gut*?

Postskript

Bergisch Gladbach, den 11. April 2001

Ich grüße Euch wieder: Ihr Lieben! Gut zwei Wochen sind vergangen, seit wir uns verabschiedet haben, und nun melde ich mich noch einmal zurück. Warum – und was ist vorgefallen? Ich will es Euch erzählen.

Inzwischen hat der Lektor des Verlags meinen Brief an Euch gelesen, und wie es so geht und unausweichlich ist, wenn die Augen eines anderen einen solchen Text studieren, gibt es hier und da eine Kleinigkeit, die man gemeinsam miteinander durchdenkt, ein Vorschlag wird zur Debatte gestellt, da und dort ein Fehler, der sich eingeschlichen hat, korrigiert; kurz und gut: man geht die Sache nochmals durch. Bei dieser Gelegenheit hat er mich überredet – es war kein Kunststück, ich war sofort seiner Ansicht –, ich sollte im Vorgriff auf das halb und halb angekündigte „Buch zum Brief" einige Themen „in einem Postskript aufblitzen lassen". Er stelle sich „etwa 20 Abschnitte vor, die im Durchschnitt eine halbe Seite lang wären; Reflexionen, Fragen, die fast den Charakter von Zen-Koans haben, Aphorismen". Gut, habe ich gesagt, allerdings die Idee mit der jeweils halben Seite sei unmöglich. *Eine* Seite für jedes Thema, für jedes nur genau *eine* Seite – eine schöne, äußerliche Begrenzung, unübersehbar willkürlich und damit als Entschuldigung tauglich für die Verkürzung, in der die Gedanken vorgestellt werden –, das ist möglich, alles darunter ist unverantwortlich. Jedes der Themen verlangt, will ich ihnen annähernd gerecht werden, mindestens 30 Seiten. Doch ein paar ankündigende „Miniaturen", darauf lasse ich mich gern ein. In den vergangenen Tagen habe ich sie geschrieben. Hier sind Sie.

Doch zuvor – und abschließend – noch eine Bemerkung in eigener Sache: Der geschätzte Herr Lektor war der Ansicht, aus meiner Christian-Nana-Geschichte sollte ich die gesamte Homer-Odysseus-Parallele hinauswerfen. Doch hiermit erkläre ich eindeutig und aufrichtig: Zu diesem Zugeständnis bin ich nicht bereit! Keine Zeile werde ich streichen! Dabei denke auch ich, mancher wird sich schwer getan haben mit dem sehr ernsten Scherz, den ich mir in dieser (und mit dieser) Geschichte erlaubt habe, er wird sich vielleicht gefragt haben: »Was soll das?«

Ich will es Euch hier, an dieser Stelle, sagen. Zum einen: Es gibt keine zufriedenstellende *Theorie* der Lebenskönnerschaft. Jede Theorie arbeitet mit zu groben Rastern. Wo dies der Fall ist, müssen Geschichten einspringen. Sie deuten an, geben Winke, lassen ahnen, und vor allem: Sie legen dem Leser nahe, eigene Erfahrungen aus der Versenkung des Vergessens hervorzuholen, das Gehörte mit dem selbst gelebten Leben zu verknüpfen – sie regen zur Nachdenklichkeit an. Das war die eine Aufgabe, die ich jener Geschichte zugedacht hatte.

Die andere: Ist zu übersehen gewesen, daß in früh-hochkultureller Zeit – Hegel nannte sie die der „geschlossenen Gesellschaft" – alle wesentlichen Lebenskönnerschafts-Fragen *vorbildlich* bekannt und anerkannt waren? Hat denn etwa der gestrandete Odysseus *auf seine Weise* die schöne Fremde angeredet? Hat Nausikaa als *sie selbst* den Fremdling, der ihr da an die Küste geschwemmt wurde, geliebt und begehrt? Nein, nein! Weshalb hat denn Odysseus um „die weißarmige Tochter" des Königs geworben? Etwa weil er sie „liebte", wie wir heute sagen würden? Natürlich nicht! Sie war – in der Schar der hübschen Mägde – unübersehbar als die, die sie ist, die junge Frau von Stand, von Adel, sie war – verzeiht mir das schreckliche Wort, es ist in diesem Zusammenhang von unüberbietbarer Richtigkeit – die *objektiv* Begehrenswerte! Darf ich bei dieser Gelegenheit in aller Kürze einmal klarstellen, was der wesentliche, in seiner Bedeutung kaum zu überschätzende Unterschied zwischen Odysseus und Christian ist? Für den Griechen ist die Liebe – Liebe zum Liebenswerten. Nausikaa verdient es, geliebt zu werden, also erfüllt Odysseus seine Pflicht und macht er ihr den Hof. Hätte ihn jemand gefragt, ob er die Königstochter „wirklich" liebe – ich sage Euch, er hätte den Frager nicht verstanden. „Sie ist die Tochter des Königs!" hätte er geantwortet, und viel mehr wäre ihm auch nicht eingefallen – von allen jenen „klüglich berechneten Worten", die in einem solchen Falle zu sagen wären, abgesehen. Aber für Christian (und Euch und mich) gilt etwas anders: Liebenswert ist das Geliebte! Sagten die Griechen: Die Liebe liebt das Gute – sagen wir: Gut ist das Lieben und das Geliebte, insofern es geliebt wird. Der Grieche sagt: Ich *muß* dich lieben, weil du schön bist. Wir sagen: Weil ich dich liebe, bist du die Schönste für mich. Das ist ein Unterschied wie der von Tag und Nacht.

Was folgt daraus? Ihr erinnert Euch, daß ich den Menschen (hoffentlich nicht allzu sehr) lächerlich gemacht habe, der mich fragte: »Wie muß ich lieben?« Ich sagte ihm: Du Dussel, wenn du deine Geliebte „nach der Regel" liebtest, liebtest du sie ja nicht selbst – und das einzige, worauf es ankommt, käme nicht vor. Erinnert Ihr Euch? Das war allerdings im Fall des Odysseus anders: Seine Werbung war im besten Sinne hochkulturell *konventionell*. Er hat sich benommen, wie es sich – für einen Helden seines Standes und seiner Geltung – gehört.

Für Christian hingegen, unseren „Helden" in unserer Geschichte, gilt: Es gibt keine „Regeln" und allgemeinen Verbindlichkeiten mehr, er ist auf *sich selbst* angewiesen. Er konnte nicht *mit Formen,* er mußte *mit sich selbst* um Nana werben. Zwar hat er – Ihr werdet es nicht übersehen haben – in seiner Not von einem *Vorbild* Gebrauch gemacht (ohne Berechnung, was die Szene vertrauenswürdig erscheinen ließ), doch er hat es nicht *nachgemacht.* Ich meine die Szene mit dem Brot, das „er brach" und an die Griechin austeilte. Doch *zur Regel* ist diese Geschichte nicht zu machen. Sie überzeugt als die eine, einmalige, unnachahmliche. Odysseus kann (und muß) auch die nächste Jungfrau in anbetender Haltung „Herrin! Als Göttin erschienst du mir – bist du ein Mensch?" begrüßen und sich ihr formvollendet zu Füßen werfen; Christian ist diese schöne Entlastung von eigenen Einfällen versagt.

Es ist damit wie in der Kunst: Einstmals vermochte einer zu *lernen,* wie er als „Tonsetzer" Musik zu komponieren hat, ein „Dichter" lernte, wie er die Verse nach korrektem Versmaß fertigt. Das ist vorbei. Wir sind auf uns selbst angewiesen. Und im Blick auf Lebenskönnerschaft heißt das: Entweder wir vermögen es, uns selbst zu dem zu entwickeln, der sich sehen lassen kann, oder wir vermögen es nicht. Nachahmung hilft uns nicht weiter. Wohl aber die Kenntnis von Geschichten, möglichst *vielen* Geschichten, das hilft uns. Darum die Geschichte von Christian und Nana. Und: Ich kürze sie nicht! Lebt wohl! Lebt gut!

Einsamkeit

„Einsamkeit ist also etwas ganz anderes als Vereinsamung. Vereinsamung ist eine Verlusterfahrung und Einsamkeit eine Verzichterfahrung. Vereinsamung wird erlitten – in der Einsamkeit wird etwas gesucht" (Hans-Georg Gadamer). Wenn aber gesucht wurde, war das Gesuchte noch selten das Beiläufige oder Nebensächliche, vielmehr das, worauf es ankommt.

Buddha, Christus, Mohammed, in literarischer Nachbildung Nietzsches Zarathustra – die großen Stifter ziehen sich zuerst in die Wüste zurück, setzen sich der Anfechtung aus, bestehen dort sich selbst und „die Mächte", dann kehren sie mit schwerer Fracht zu den Menschen zurück und „haben etwas zu sagen".

Zugleich ist die Einsamkeit die unerbittliche Probe aufs Exempel: Hier erweist sich, wer sich Gehalt erwarb und wer an sich selbst leer blieb. Montaigne, der das Thema wie kaum ein zweiter liebte, wußte von dieser Zweischneidigkeit und riet entsprechend:

„Haltet Einkehr in euch selbst, doch zuvor bereitet euch darauf, euch da zu empfangen: es wäre Torheit, auf euch selbst zu vertrauen, wenn ihr euch nicht zu beherrschen wißt. Man kann in der Einsamkeit zu Fall kommen wie in der Gesellschaft."

Nur einen kenne ich, der von der Einsamkeit so viel verstand wie Montaigne (und sonst Schopenhauer) – das ist Nietzsche:

„Unsere Einsamkeit gehört zu den schlimmsten und gefährlichsten Heilkünsten. Aber gewiß ist, daß sie, *wenn* sie heilt, auch den Menschen gesünder und selbstherrlicher hinstellt, als je ein Mensch in Gesellschaft sein könnte."

Vertrauen

Nietzsche, „Die fröhliche Wissenschaft", Vorrede:

> „Das Vertrauen zum Leben ist dahin: das Leben selbst wurde zum *Problem*."

Warum? Den Menschen ist Gott gestorben, jene letzte Instanz, an die sie ihr Gesamtvertrauen, das selbst von schlimmen Erfahrungen nicht erschüttert wurde, anhängen konnten.

Und nun? Vertrauen müssen wir gleichwohl, nicht etwa nur im Ausnahmefall, sondern normalerweise und nahezu immer. Vertrauen ist grundlegend, unausweichlich, schlechthin notwendig: „Die Verhältnisse" sind zu komplex und unübersichtlich, als daß sie sich von uns kontrollieren ließen – und wollten wir in diesem oder jenem Fall *nicht* vertrauen, müßten wir uns doch auf die Maßnahmen unseres Mißtrauens verlassen.

Im Leben zwischen ihr und ihm, zwischen dir und mir, ist der Zusammenhang noch unerbittlicher. – Ich will Euch ein einziges Beispiel geben:

Fragtest du dich, ob du ihr vertrauen kannst, und wähltest du entsprechend deine Mittel, um zu überprüfen, ob du vertrauen darfst, machtest du zunichte, was du untersuchen möchtest. Denn du hättest das *Mißtrauen* dem Vertrauen als Basis unterlegt; das aber ist unmöglich. Du kannst ihr nur vertrauen, solange *sie* darauf vertrauen darf, daß *du* ihr vertraust. Ihre Vertrauenswürdigkeit ist daran gebunden, daß sie auf dein Vertrauen vertraut. So mußt du auf ihr Vertrauen vertrauen. Das aber tust du nicht, indem du auf dein Mißtrauen vertraust. Dann vertraust du dir, nicht ihr. Dann hast *du* das Vertrauen gebrochen, das – wechselseitig – das Vertrauen in Vertrauen ist.

Lebensmut

Im Sinne bester griechischer Tradition erklärt der französische Philosoph André Comte-Sponville in seinem „Petit traité des grandes vertus" von 1995: Der Mut sei, wie außer ihm nur die Klugheit, „die Vorbedingung für jegliche Tugend": „Ohne die Klugheit wären die anderen Tugenden blind und sinnlos; doch ohne den Mut wären sie nutzlos oder ohne Tatkraft. Ohne Klugheit könnte der Gerechte nicht die Ungerechtigkeit bekämpfen; doch ohne Mut würde er es nicht wagen."

Ebenso, nur von der anderen Seite aus angegangen, dachte René Descartes, wenn er erklärte, von allen Übeln sei die *Unentschlossenheit* das größte. Alain behauptet, Descartes habe dies „mehr als einmal" gesagt, allerdings „nie erklärt". Wozu bedarf es hier einer „Erklärung"? Womöglich ist uns schon mit einer Vermutung und hilfreichen, kleinen Unterstellung gedient.

Sie lautet: Mit der Behauptung, Unentschlossenheit sei das größte aller Übel, hat Descartes nur den sehr alten Grundsatz variiert, wonach es im Leben auf nichts so sehr ankomme wie auf Klugheit und *Mut* (griechisch *andreia* von *andreios* = männlich, lat. *fortitudo*, was sich auch als „Seelenstärke" übersetzen läßt) – das sind die Mutter und der Vater aller Tugenden, mit andern Worten: aller Lebenskönnerschaft. – Hermann Hesse:

„Es kommt einzig auf den Mut an. Er geht auch dem Tapfersten oft verloren, dann neigen wir zum Suchen nach Programmen, nach Sicherheiten und Garantien. Der Mut bedarf der Vernunft, aber er ist nicht ihr Kind, er kommt aus tieferen Schichten."

Werden wir's Orpheus gleichtun müssen, um hinab zu gelangen?

Zynismus ist das Aroma der Hölle

Alle Bemühung um Lebenskönnerschaft schlägt um den Zyniker einen Bogen (das einschlägige Bild: der Staub wird aus dem Mantel geschüttelt und weitergegangen ...). – Warum hier nichts auszurichten ist? Die Antwort liegt auf der Hand: Lebenskönnerschaft ist Schulung des Charakters; der Charakter des Zynikers aber ist, keinen zu haben. Der Zyniker braucht ihn nicht nur nicht, er wäre ihm hinderlich: Denn das zynische Geschäft ist, sich der (schlechten) Wirklichkeit anzupassen, um sie zum eigenen Vorteil auszubeuten. Zynischer Grundsatz: Die Leute *wollen* betrogen werden. Womit betrügt man sie? Mit ihren eigenen Wünschen – man liefert ihnen, was sie wollen. Dann fressen sie einem aus der Hand, die andere kassiert währenddessen. Ich kann es kurz mit dem Zynismus machen: Über ihn ist genug gesagt, wenn einmal erkannt ist, daß seine Devise die des Höllenhunds ist. Prototyp dieser Spezies: Mephistopheles.

Sollte es nicht zu denken geben, daß dieser „Sohn der Hölle" in Goethes Drama zugleich die schlechthin moderne, aufgeklärte, illusionslose, kurz: gegenwärtigste Gestalt ist? Was ist seine „Überzeugung"? „Die Menschen sind undankbar, unbeständig, heuchlerisch, furchtsam und eigennützig." Das war nicht Mephisto, das war sein Vorgänger Niccolò Machiavelli. Und? Hat er etwa etwas dagegen, daß es so steht mit den Menschen? Keineswegs, es ist ihm recht – mehr noch: so *soll* es sein. Hier ist er unter seinesgleichen. „Der Mensch ein Vieh?" – „Allerdings! Drum fühlen wir uns wohl als unter tausend Säuen."

Der Zyniker – das modernisierte Inkognito des Bösen – „liebt" die Schlechtigkeit und Dummheit: sie fördern das Geschäft.

Das denkende Herz

Nicht die Direktiven des geschulten Kopfes, nicht die Neigungen des empfindenden Herzens, nicht die Bilder der geschärften Sinne leiten die Lebenskönnerschaft: Die Sinne lassen sich schlimmstenfalls täuschen, fallen auf den Schein herein, den einer verbreitet; das Herz ist allzu parteiisch, unbedacht in seinem Überschwang und kleinmütig im Schreck. Es zeugt von Menschenkenntnis, wenn der Herr dem Petrus sagt: „Aus dem Herzen kommen böse Gedanken, Mord, Ehebruch, Unzucht, Diebstahl, falsches Zeugnis, Lästerung" (Mt 15,19). Doch der nichts als kühle Kopf, der denkt, gibt sich leicht als Angestellten in deren Dienst, wie er auch sonst vor allem darin tüchtig ist, Mittel zu kalkulieren, die er zweckmäßig veranschlagt.

Das *Organ* der Lebenskönnerschaft ist darum weder das eine noch das andere, noch ein Drittes, sondern – mit einem tiefsinnigen Wort Hegels – das *denkende Herz* oder, wie ich vervollständigend ergänzen möchte: das *aufmerksame, denkende Herz.*

Das meint ein Herz, das hinsieht – auch wo ihm nicht danach zumute ist: Aufmerksamkeit korrigiert sein parteiisches Empfinden – und das nachdenkt: So stellt es sein Gefühl auf die Probe, indem es seinem raschen Urteil mit Fragen in die Quere kommt. Aufmerksamkeit sei das natürliche Gebet der Seele, soll Malebranche gesagt haben – das Wort wird zu Recht gern zitiert –, in unserem Sinne läßt sich korrigieren: das des Herzens.

Hatte nicht Pascal mit dem Nachdruck, den er auf die *raison du coeur* legte, ähnliches im Blick? Das schlimmste nämlich ist das *herzlose* Denken, die Sache des *kalten Herzens.*

Humor

Lebenskönnerschaft wird die gute alte Affektenlehre wieder zu Ehren bringen; denn wie sollte sonst vom Humor die Rede sein? Das Wesen des Humors bestehe darin, urteilte Meister Freud, „daß man sich die Affekte erspart, zu denen die Situation Anlaß gäbe". Sein Paradebeispiel: „Der Delinquent, der am Montag zum Galgen geführt wird [und dabei] die Äußerung tut: »Na, die Woche fängt gut an«."

Doch sich die gewöhnlichen Affekte zu ersparen ist nicht die Sache kalter Kontrolle; Aufsicht führt da nicht der kühle Kopf, sondern die Könnerschaft rechter Affektanleitung ist Herzenssache.

> „Der Humor ist keine Gabe des Geistes, er ist eine Gabe des Herzens"

– heißt das vielzitierte Wort Börnes. Einübung in Lebenskönnerschaft ist darum „Kritik des Herzens". Was lernt es dabei? Daß es in der Welt nicht dieser oder jener Torheit wegen schief und schlimm zugeht – solche Einzelheiten spießt der „kritische Verstand" auf, sie bewegen das Herz nicht –, sondern weil wir Menschen Mensch sind und weil „aus so krummem Holze [niemals] etwas völlig Gerades gezimmert" wird (Kant). Ist das recht von Herzen begriffen, ist auch klar:

Der Mensch ist nicht nur das einzige unter den Tieren, das lachen kann, er ist auch das einzige, das zum Lachen ist.

Das ist die Einsicht, die uns vor der Menschenverachtung und Selbstüberheblichkeit bewahrt und auch davor, die Welt mit allzu hohen Erwartungen zu traktieren und dann – bitter enttäuscht zu werden.

Fragment aus der Philosophie der Lebensalter

Der Lebenskönner macht sich jenen Grundsatz des Voltaire zu eigen, den Schopenhauer als Motto seinen philosophischen Reflexionen auf die „Unterschiede der Lebensalter" voranstellt:

> *„Qui n'a pas l'esprit de son âge,*
> *De son âge a tout le malheur."*
> [Wer nicht den Geist hat, der seinem Alter entspricht,
> hat seines Alters ganzes Ungemach.]

Was allerdings der dem Alter entsprechende Geist sei, bleibt da zunächst ungesagt. Dazu hat Goethe sich geäußert:

> „Jedem Alter des Menschen antwortet eine gewisse Philosophie. Das Kind erscheint als Realist; denn es findet sich so überzeugt von dem Dasein der Birnen und Äpfel als von dem seinigen. Der Jüngling, von innern Leidenschaften bestürmt, muß auf sich selbst merken, sich vorfühlen: er wird zum Idealisten umgewandelt. Dagegen ein Skeptiker zu werden, hat der Mann alle Ursache; er tut wohl, zu zweifeln, ob das Mittel, das er zum Zwecke gewählt hat, auch das rechte sei. Vor dem Handeln, im Handeln hat er alle Ursache, den Verstand beweglich zu erhalten, damit er nicht nachher sich über eine falsche Wahl zu betrüben habe. Der Greis jedoch wird sich immer zum Mystizismus bekennen. Er sieht, daß so vieles vom Zufall abzuhängen scheint: das Unvernünftige gelingt, das Vernünftige schlägt fehl, Glück und Unglück stellen sich unerwartet ins gleiche; so ist es, so war es, und das hohe Alter beruhigt sich in dem, der da ist, der da war und der da sein wird."

Abendrot

Der Fortschritt macht kaum noch Proselyten. Dabei läßt er sich nicht leugnen. In der Tat schreitet der Mensch voran: er wird alt. Wie die Menschheit: sie *altert*.

Die Sprache allerdings verwirrt manchen: Vom „Altertum" ist die Rede und von „den Alten". Gut – die Antike, noch immer gegenwärtig, erwies sich als dauerhaft; das begründet die Rede von ihrem Alter. Doch ins Verhältnis zu den Lebensaltern gebracht, haben wir anders zu urteilen: Das Altertum war die *Jugend* der Menschheit. Die Welt lag frisch zu Füßen, ein Staunen und Fragen ging an, das Denken und Erobern wagte erste Versuche, das Leben, so rätsel- wie zauberhaft, lockte als Abenteuer. Und wir? Haben den Staat in ein Hospiz verwandelt. Schon die Kleinen, als seien Greise geboren, hängen am Apparat, und sei es zur Unterhaltung

Der Lebenskönner hingegen wird alt und jung zugleich – er entrinnt dem Gefängnis der Zeitgenossenschaft, die er als die müde, bequem, grau gewordene Menschheit entdeckte, die abgefeiert hat und „sich die Ruhe liebt". Sein Geist wandert aus zur Jugend: Wie Homer lebt er selbst mit den Göttern per Du; Sokrates, der die Leute mit der kindlichsten Unbefangenheit anbohrte, wird ihm zum Bruder und Zeitgenossen; von Augustinus läßt er sich begeistern, dem der Glaube aufging, wie die Sonne zum ersten Mal den Horizont heraufsteigt und an eine dunkle Erde ihr helles, warmes Licht verschenkt; usw.

So erwirbt er sich noch einmal eine zweite Kindheit und Jugend und eine Naivität, die Fragen stellt, wo andere der Antworten überdrüssig und müde wurden.

Zuletzt

Steht uns unser Ausgang als die letzte Probe auf unser Leben-
können bevor? Stimmt wohl, was die „Sterbeforscher" behaupten, daß der, der gut lebte, leicht stirbt – leichter jedenfalls als einer, der sein Leben verpaßte?

Auch im Blick auf die letzte Stunde ist das erste, was wir sicher wahrzunehmen vermögen, die Belanglosigkeit des Endes,
wie es den „letzten Menschen" ereilt. Gontscharow (der Autor
des „Oblomow") protokolliert das Ableben eines Menschen:

„Ilja Iljitsch war anscheinend ohne Schmerzen und Qualen
verschieden, so wie eine Uhr stehenbleibt, die man auf-
zuziehen vergessen hat."

Das erinnert an das provokante Wort des La Rochefoucauld:

„Gewöhnlich erleidet man [den Tod] nicht entschlossen,
sondern stumpfsinnig brauchgemäß, und die meisten Menschen sterben, weil man zu sterben nicht umhin kann."

Nochmals Nietzsche, wie schon zuvor zitiert:

„Ein wenig Gift ab und zu: das macht angenehme Träume.
Und viel Gift zuletzt, zu einem angenehmen Sterben."

Zu alledem einzig ein Wink, ein Wort, das zu jenen traurigen
Worten in den äußersten Gegensatz tritt:

„Sterben ist das untrügliche Zeichen unserer Abhängigkeit.
Unsere Abhängigkeit ist das untrügliche Fundament unserer Hoffnung." (Nicolás Gómez Dávila)

Seneca im Brief an Lucilius: Wenn der Tag gekommen sei,
werde er sich den Göttern zurückerstatten. Neun Monate
habe uns der mütterliche Leib festgehalten, danach aber seien
wir der anderen Geburt entgegengereift, „dem Geburtstag der
Ewigkeit."

Anhang

Der gescheiterte Ehebruch
oder: Liebe und Moral

Philosophische Phantasie und abschweifender Umweg zur Mitte eines geheimgehaltenes Gedichts von Meister Goethe: „Das Tagebuch"

Meister Goethe …? Warum nicht? Zumal es darum geht, wie der Deutschen Dichter in vorgerücktem Alter eine heikle Episode „meisterte"; wie sagt man sonst –? mit heiler Haut davonkam? Und sie, „das schöne Kind", „ein Mädchen seltensten Gebildes" – mit heilem Häutchen.

Wie das zuging, erzählt das „erotisch-moralische" Gedicht, „Das Tagebuch" betitelt, das Goethe selbst zwar ausgesuchten Freunden mehrfach vortrug, zum Druck jedoch nicht freigab, vielmehr „sekretierte", denn, wie er seinem treuen Eckermann erläuterte: Der Dichter muß „sich immer in einem gewissen Niveau halten; er hat zu bedenken, daß seine Werke in die Hände einer gemischten Welt kommen, und er hat daher Ursache, sich in acht zu nehmen, daß er der Mehrzahl guter Menschen durch eine zu große Offenheit kein Ärgernis gebe".

Das also wäre der Skandal, der zu befürchten war, – die allzu „große Offenheit"? Oder müßte „die Welt" das Werk „unsittlich nennen", wie sein Sekretarius befürchtete, weil der große alte Herr „ohne allen Rückhalt, natürlich und wahr" gedichtet hatte, was – sei es nun so, sei es ein wenig anders – „Gehalt des eigenen Lebens" war?

Eckermanns Vorsicht in Ehren, aber sollten solche Rücksichten den Ausschlag gegeben haben, hätten sich zuvor und eher noch einige der „Venezianischen Epigramme" im Netz der Selbstzensur verfangen müssen, denke ich. Und Goethe selber nannte das Gedicht eine „moralische Erzählung in Stanzen". Warum also schloß er es weg? Kann ein „moralisches" Gedicht denn „unmoralisch" sein? – Wir werden sehen …

Aber zuvor noch wollen wir das Urteil eines prominenten Zeitgenossen hören, der das Gedicht herausgebracht, erläutert, kommentiert und interpretiert hat: Siegfried Unseld. Sein Urteil lautet: „Das Gedicht darf höchst moralischen Charakter in Anspruch nehmen, weil es Versuchung als Versuch zeigt und weil in vielfacher Hinsicht nur die Liebe gewinnt."

Und wie ist es dann zu erklären, daß sich das emsige Gelehrtenvolk der Goethe-Forscher, die sich doch sonst kein Verslein ihres Dichters durch die Finger schlüpfen lassen, in diesem Fall zurückgehalten und das Gedicht beschwiegen haben?

Unseld vermutet: „Die freie Darstellung des Liebesabenteuers eines Verheirateten und die freie Darstellung sexuellen Versagens", die hier gewagt worden seien, verletzten ein Tabu, und Goethe habe bei seinem Entschluß, das Gedicht zu sekretieren, rücksichtsvoll „den prüden Charakter seiner Deutschen" bedacht.

Nun, wenn es mehr nicht ist – sind *wir* noch „prüde"? Sind *wir* nicht „frei" und staatlich „aufgeklärt"? Was wäre also zu befürchten?

Zum anderen, meint Unseld, konnte das Gedicht in den Verdacht geraten, ein Tabu der Religion verletzt zu haben. Doch auch das sei nur ein Irrtum. – War also religiöse Prüderie zu schützen, die Blasphemie vermutet hätte, wo in Wahrheit keine vorlag?

Lassen wir uns unterrichten, was die Gottergebenen nach Unselds Ansicht hätte stören können: In der Mitte des Ge-

dichts – „im Höhepunkt", sagt Unseld – reime sich „der Meister auf ein Höheres und Höchstes". So ist es. Und zur Erläuterung ist zu ergänzen, daß „der Meister" hier das erigierte
Glied, der Phallus ist, und das „Höhere und Höchste", auf
das sich dieses Teil des Mannes „reimt", Christus am Kreuz.
Übrigens „reimt" es – oder „er" – sich nicht nur, sondern
„reibt" sich auch am christlichen Symbol, genauer noch: er re-
voltiert dagegen, inszeniert sich selbst als „Aufstand" …

Also geht es im Gedicht um einen Gegensatz und um ein
gründlich ernstes Entweder-Oder: Was sich da aufgerichtet
hat, die Stange, gegen das, was aufgerichtet wurde, das Symbol – *dieser* „Meister", wie er gleich bei Goethe heißen wird,
gegen *jenen* Meister; die Liebe des vermeintlich siebten Himmels gegen jene Liebe, die „im Himmel wie auf Erden" ist. –
Ein Skandal? Unser Zeuge sagt: Ja, wieso denn? Keinesfalls!
„Niemand" werde hier „gelästert" und „kein Höheres ge-
schmäht. Das Gegenteil", sagt Unseld, „ist der Fall".

Wir sehen: Siegfried Unseld, unser Zeuge, ist ohne Zweifel
ein „moderner Mensch" – und „Das Tagebuch" von Goethe ist
eine ebenso „moderne Dichtung". Sollen wir uns wundern,
daß sich Gedicht und Interpret verständigt haben? Man ist
aufgeklärt, von Vorurteilen frei und amüsiert sich miteinander
über jene „Mehrzahl guter Menschen", die noch Anstoß nehmen könnten …

Was allerdings die „guten Menschen" angeht, sie noch wie
Goethe seinerzeit zu schonen, hieße wohl die Sorge übertreiben: Was damals „Mehrzahl" war, ist abgeschmolzen und inzwischen kaum noch eine Minderheit. Da und dort mag es
noch einzelne und Überlebende der überlebten Spezies geben,
aber das ist alles, und nichts, was Rücksicht abverlangte.

Und um kein Mißverständnis zu riskieren: Ich gehöre nicht
dazu. Dennoch, und im Gegensatz zu Unseld, ich nehme Anstoß und bekenne, das Gedicht ist mir ein Ärgernis. Allerdings

nicht „immer noch" (wie vielleicht den letzten guten Menschen), sondern: „mittlerweile": Es sind die unbeirrt „Modernen", die mir inzwischen einen Widerwillen machen und ein Unbehagen, der Typus ihrer „Aufgeklärtheit", ihre Geste des „Was soll's?", ihr Abwiegeln, ihr Runterreden und ihr Fertigsein mit allem, ihre blasierte Attitüde: „Das haben wir doch hinter uns!" – noch mehr aber anderes, doch dazu gleich.

Ich halte das Gedicht mit andern Worten für „skandalös modern", und ich behaupte: Wer „Das Tagebuch" von Goethe angemessen liest, weiß, *was das Problem der Neuzeit ist*, jedenfalls das Elend des immer noch modernen Menschen ...

Die Zeit wird kommen, hatte Nietzsche prophezeit, da werde sich der klein gewordene, herausgeredete und exkulpierte Mensch der Neuzeit selbst zum Überdruß und Ekel werden ... Mag sein, sie „kommt" noch immer, mag sein, sie ist schon eingetroffen; eher noch vermute ich, sie schleicht sich ein: als fades Unbehagen, als unbegriffene Verstimmung, als gedrosselte Befindlichkeit und abgedämpfte Lebenslust, als Depression und ausgelöschte Lebensfarbe und als Grau in Grau verblaßter, hoffnungsloser Theorien. So oder so: Unsere Zeit läuft ab, und die *Moderne* geht zur Neige.

Dann aber ist es nicht zu früh, den Versuch zu unternehmen, an dem Goetheschen Gedicht die Physiognomie des *Zeitgenossen* vorzuführen und uns auf diese Weise mit uns selbst bekannt zu machen. Denn das ist das erste, was uns fehlt, um endlich von uns loszukommen: die Kunst, das Bild im Spiegel zu entziffern. Goethe hat ihn uns nicht vorgehalten – er ist selbst der Spiegel, der moderne Mensch als außerordentliches Exemplar; und mein Plan ist, die „Mehrzahl der modernen Menschen" in ihm zu reflektieren.

Die Hauptperson, ein Mann, im Gedicht lakonisch ,
Autor, kehrt von einer Reise heim, die ihn von seiner „Trauten
lange Zeit entfernet"; d. h.: noch ist er unterwegs. Da bricht
ein Rad am Wagen, also „war Geduld und Werk vonnöten".

Den Anfang macht mithin der *Zufall*. Mein Wille war es
nicht, es war „mein Wagen", der „mich noch eine Nacht verspä-
ten" sollte.

> *Was blieb mir nun? Zu weilen und zu murren.*
> *So stand ich nun.*

Was tut ein Mensch in dieser Lage für gewöhnlich? Er bemüht
sich, in der Nähe ein Quartier zu finden. In ungewöhnlicheren
Fällen allerdings ist ratsamer, sich – finden zu lassen … So
sind wir dem Verdacht entzogen, gesucht zu haben, was wir
finden. Und um einen solcher außerordentlichen Fälle geht es
hier:

> *Der Stern des nächsten Schildes*
> *Berief mich hin, die Wohnung schien erträglich.*
> *Ein Mädchen kam, des seltensten Gebildes,*
> *Das Licht erleuchtend.*

Hat er nun gesucht? Nein – er ist hineingerufen worden. „Der
Stern des Schildes" war es, der ihn anzog und „berief". Und
das Mädchen? Hätte *er* sich etwa nach ihr umgesehen? Nein,
umgekehrt: Das Mädchen kam, und nicht genug, macht es
auch noch Licht; sie selbst erleuchtet ihr Gesicht, so daß er sehen *muß*, was *er* zu sehen nicht begehrte. Das ist so genau zu
nehmen, wie es Goethe nimmt:

> *Die Schönheit spinnt, sie ist's die ihn umwebet.*

In Alltagsprosa übersetzt: *Ich* war es nicht! Wie käme *ich* dazu,
meine Netze auszuwerfen, um einen Fang zu tun? *Ich* hätte
also den Versuch gewagt, das Mädchen zu umgarnen? – es zu
„bestricken", wie es früher hieß? O nein! So nicht! Was da pas-

sierte, war das Werk der Schönheit. *Sie* hat mich umwebt, „sie ist's", die spinnt und der ich ohne alle Schuld ins Netz geriet. Also ist die Liebe – eine Falle. Unversehens stolpern wir hinein, und – schwupps! – ist es um uns geschehen. Fortan dürfen wir für unzurechnungsfähig gelten.

Denken wir an Gretchen: „Und ihr Verbrechen war ein guter Wahn!" ruft Heinrich Faust vor ihrer Kerkertür, indem „der Menschheit ganzer Jammer" ihn erfaßt. – Und das arme Gretchen?

Der Zuschauer ist „aufgeklärt" und nimmt es für den Ausdruck ihres Wahnsinns, wenn sie im Stroh, in schweren Ketten, als *ihre* Tat bekennt, was ihr doch allenfalls und irgendwie im Taumel der Verliebtheit widerfuhr:

> *Meine Mutter hab' ich umgebracht,*
> *Mein Kind hab' ich ertränkt!*

Wer dazu um einen Kommentar verlegen ist, mag Euripides zitieren:

> *Was kümmert um den Nächsten sich der Liebende?*

Die kurzgefaßte Lehre, die uns Tristan und Isolde, Romeo und Julia und all die andern übermitteln, lautet: Die Liebe, Himmelsmacht des Amor, ist bedenkenlos, pikanter ausgedrückt: ist asozial. Jedenfalls erhöht sie nicht das Augenmerk für Angelegenheiten, die es „sonst noch" geben könnte.

Doch zurück zu Goethe, in das Nachtquartier, in das ein Zufall ihn verschlug, ihn, den treuen Gatten, der „doch nur immer sie im Sinne" hatte, seine Traute, seine „Herrin", die Ehefrau daheim; in concreto: seinen „Bettschatz", Christiane.

Er setzt sich an den Tisch und erinnert sich an seinen Vorsatz, für sein liebes Weib und „ihr zur Freude" sein Reisetagebuch zu schreiben. Doch – er weiß nicht, wie und was ihm da geschieht:

> *… die Tintenworte liefen*
> *Nicht so wie sonst in alle Kleinigkeiten:*

> *Das Mädchen kam, des Abendessens Bürde*
> *Verteilte sie gewandt mit Gruß und Würde.*

Zum zweiten Male also, jetzt mit feiner Modifikation – zuerst: „Ein Mädchen kam …", und jetzt: „Das Mädchen kam …" – Schöner, allgemeiner, knapper läßt sich diese ewige Geschichte wohl nicht fassen. So nimmt sie ihren Lauf. Und dann?

> *Sie geht und kommt; ich spreche, sie erwidert;*
> *Mit jedem Wort erscheint sie mir geschmückter.*

Und die letzten Zeilen dieses sechsten Verses:

> *Genug ich bin verworrner, bin verrückter,*
> *Den Stuhl umwerfend spring ich auf und fasse*
> *Das schöne Kind; sie lispelt: ›Lasse, lasse!‹*

Wie nun? Mit einem Male springt er auf? und wird aktiv? und *handelt …?* Ist das nicht zu heikel? Brächte unsern Abenteurer nicht die einfachste Erkundigung, was er sich da herausgenommen habe, in Verlegenheit …?

Doch es ist vorgesorgt: Verwirrung und Verrücktheit, beide zur Bekräftigung grammatisch in der Form der Steigerung (nicht nur verrückt, „verrückter"), bringen ihn in Sicherheit, bescheinigen ihm Unzurechnungsfähigkeit, retten ihn in *Unbelangbarkeit.* Korrekter – ästhetisch freilich wenig überzeugend – hätte er auch dichten können: Die Verrücktheit war's, die mir den Stuhl umwarf, und so geschah es, daß ich das schöne Kind ergreifen mußte – oder: daß sie mich das schöne Kind ergreifen ließ … Denn – unbezwinglich – treibt ihr Spiel die Göttin Aphrodita:

> *Wen du ergreifst, der raset –*

singt der Chor in der „Antigone", von Hölderlin ins Deutsche übertragen:

> *… und es ist,*
> *Wers an sich hat, nicht bei sich.*

Und so – in unserem Gedicht – der Reisende, den „das tolle Zeug in uns" inzwischen, wie wir hörten, um Verstand und Übersicht gebracht hat.

Der erste Sprung ging allerdings daneben. Was also jetzt? Die Reihe ist an ihr. Das Mädchen redet:

> *Doch schließe deine Türe nicht und wache,*
> *So kommt die Mitternacht uns wohl zu Gute.*

Und das geschieht. „Wie leise sie auch gleitet", der Gast hört ihre Schritte. Es ist Mitternacht. Sie tritt herein und „senkt sich her". Und er ergreift den schönen Leib, „die Wohlgestalt".

Im selben Augenblick noch einmal: Ritardando, eine kluge Unterbrechung und ein Aufschub; das verleiht der Sache Reiz.

> *Sie macht sich los. ›Vergönne daß ich rede,*
> *Damit ich dir nicht völlig fremd gehöre.‹*

Sie sei „rein", bekennt sie, in der Gegend nenne man sie „spröde", denn:

> *Stets gegen Männer setzt ich mich zur Wehre.*

Jetzt allerdings sei alles anders – „wie das Herz sich kehre" –, und jetzt wisse sie:

> *Du bist mein Sieger, laß dich's nicht verdrießen,*
> *Ich sah, ich liebte, schwur dich zu genießen.*

Ein schönes, klares, schnörkelloses Wort, und wohl bemerkt: aus dem Anfang des inzwischen vorvergangenen Jahrhunderts! Ein Emanzipations-Vorbild? Ich denke eher, diese ruhige und selbstgewisse Sicherheit der schönen Gastwirtstochter blieb unterm Banner feministischer Parolen unerreicht. Ein so stolzes Selbstbewußtsein des Geschlechts ist heute bestenfalls Erinnerung.

Nein, nicht das Mädchen ist „modern" im hier gemeinten Sinne, sondern er, der Autor, Goethe. Wenn uns sein erotisches Gedicht erlaubt, uns selbst darin zu reflektieren, den Zeitgenossen, für den die Liebe kompliziert geworden ist: in erster Linie ein Stoff für lange Diskussionen, Anregung zu umständlichen Selbsterkundungen und biographischen Erklärungen, zum Prolog intimer Seelendramen und Bekenntnisse – nicht eingerechnet alle Zweifel, Vorbehalte, Risiken, über die sie sich verständigen, bevor sie sich zu lieben wagen –, dann ist es nicht das schöne Kind, das mitternachts in seine Kammer kommt, in dem wir uns erkennen; es ist der Dichter …

Die Seele wird als Bühne aufgeschlagen, ihre Risse werden inszeniert, es wühlt und schwappt darin, ein Auf und Ab und Hin- und Hergerissensein geht an – der Mensch, das Seelentier, beginnt mit dem Sezierbesteck der psychologischen Finessen zu hantieren, untersucht sich, legt sich auf die Lauer, um sich selber zu entdecken, wird an sich irre und rettet sich zuletzt in irgendeine Einsicht, die ihm irgendwie erklärt, was „mit ihm passiert" ist, was da mit ihm „los war", früher hieß es: ihn besessen machte.

Doch damit greife ich schon vor. Denn noch bestimmt das Mädchen im Gedicht die Szene, die Konturen sind entsprechend deutlich, hell, von schönstem Reiz und klarem Zauber. Sie „schließt ihn" an die „süßen Brüste", und Goethe ist beeindruckt. Wie auch nicht?

> *Wie keusch sie mir, mit liebevollem Fügen,*
> *Des süßen Körpers Fülleform gewährte!*
> *Entzückt und froh in allen ihren Zügen*
> *Und ruhig dann, als wenn sie nichts entbehrte.*

Als wenn sie nichts entbehrte … Da wird der Vorhang aufgezogen, und das Problem tritt auf. Das innere Proszenium belebt sich, die Seelenhandlung kann beginnen:

> *Und wie ich Mund und Aug und Stirne küßte,*
> *So war ich doch in wunderbarer Lage:*
> *Denn der so hitzig sonst den Meister spielet,*
> *Weicht schülerhaft zurück und abgekühlet.*

Das Tabu, das erste jedenfalls, wie Unseld sagte, ist verletzt. Die Sache ist heraus und öffentlich:

Noch immer auf den Meister hoffend und vertrauend –
ist alle Hoffnung endlich doch vergeblich. Die Italiener nannten es: *Fiasko.*

Was jetzt? Flüche, Zorn, Verbitterung, zuletzt ein traurigböses Grinsen, und währenddessen schläft das holde Kind in seinen Armen sehr zufrieden ein:

> *… schlafend schöner als sie wachte.*

Des Liebesabenteuers zweiter Teil: Das Seelendrama

Was das Äußere betrifft, Handlung, Tat, Ereignis, ist die Geschichte damit eigentlich auch schon zu Ende. Und dies nach zwölf von vierundzwanzig Versen! Man möchte fragen: Was nun noch? Der Schauplatz wechselt, das Gespräch der Seele mit sich selbst beginnt. Im Gegenwartsjargon: Das Unglück „wird verarbeitet".

Und der Kenner darf bewundern, mit welcher Folgerichtigkeit und Präzision Goethe Schritt für Schritt berichtet, wie die verletzte Seele ihre Kränkung „durcharbeitet", um sich notdürftig zu heilen.

Erster Schritt: Beschwichtigung. Das unerreichbare „Objekt der Libido" wird liebevoll geschont und zart entschuldigt – als gelte es, den Sturm, der alles aufzuwühlen droht, beschwörend zu besänftigen: Natürlich ist das gute Kind nach seiner schweren Tagesarbeit müde. Sie ist ja noch so jung! – und „jugendlicher Mühe gesellt sich gern der Schlaf und nie zu frühe".

Zweiter Schritt: Protest. Ein Ton von Rebellion kommt auf:

> *So lag sie himmlisch an bequemer Stelle,*
> *Als wenn das Lager ihr allein gehörte,*
> *Und an die Wand gedrückt, gequetscht zur Hölle,*
> *Ohnmächtig jener, dem sie nichts verwehrte.*

Dritter Schritt: Aufschrei. Der Jammer wird in schlimmsten, grellsten Farben ausgemalt. Jede Übertreibung ist willkommen: Was uns passiert ist, ist kein Mißgeschick, es ist der Untergang der Welt! Wir sind nicht nur verletzt, ein kaltes, rücksichtsloses Schicksal hat uns hingerafft, zerschmettert, meuchlerisch gemordet! Jede wunde Seele kennt das. Und Goethe ist ein Meister solcher Übertreibung:

> *Vom Schlangenbisse fällt zunächst der Quelle*
> *Ein Wanderer so, den schon der Durst verzehrte.*

So ist es recht! *Ein* Tod genügt nicht! Dem ersten Tod und quälenden Bedürfnis folgt gerade in dem Augenblick, da wir uns stillen könnten und gerettet wären – Ironie des Schicksals! –, der jähe Todesbiß der Schlange …

Vierter Schritt: Auftritt des Verstandes. Für den Menschen, dieses „leidgewohnte Tier" (Friedrich Nietzsche), ist nicht das Leiden selber das Problem, sondern daß zunächst die Antwort fehlt: Warum? Das Unglück schreit gewissermaßen nach Erklärung. Was wir nicht ändern können, bedarf der Interpretation. Und dazu ist Verstand vonnöten. Die Frage lautet: Wie konnte das geschehen?

> *Gefaßt bei dem, was ihm noch nie begegnet,*
> *Spricht er zu sich: So mußt du doch erfahren,*
> *Warum der Bräutigam sich kreuzt und segnet,*
> *Vor Nestelknüpfen scheu sich zu bewahren.*

Die Not schwächt das Gewissen, zumal jenes, das die Theorien überwacht. In Bedrängnis ist uns alles recht, was uns unser

Unglück irgendwie „erklärt". Dabei gilt: Die „Erklärung" muß nicht „wahr" sein, sie muß etwas leisten; vor allem soll sie „guttun". Und das tut sie, sofern sie eine „Ursache" benennt, die den Schicksalsschlag *verständlich* macht.

In Frage kommen „Mächte" und „Dämonen", „böse Wesen" – wie im Fall des „Nestelknüpfens" –, eventuell die Sterne und ihr Stand. Demselben Interesse dienen heute „psychologische Erkenntnisse"; aber das nur nebenbei.

Fünfter Schritt: „Agieren". Ist das Elend groß, gerät auch der Verstand an Leistungsgrenzen. Nur zu „wissen", wie es kam, genügt nicht. Wir müssen etwas tun! Und sei es auch, daß sich die Seele ihre Taten nur zusammenträumt …

> *Weit lieber da, wo's Hellebarden regnet,*
> *Als hier im Schimpf!*

Den Kommentar zu dieser Stelle sollten wir von Psychoanalytikern erbitten, oder? Ist es nicht ihr „Stich"-Wort …?

Sechster Schritt: Trost aus Erinnerung. Wie sich das phantastische „Agieren" in die Ferne oder Zukunft flüchtet, so führt die Trauer uns zurück in die Erinnerung. Hier endlich findet nun die Seele, was sie suchte: Trost und Stärkung.

> *So war es nicht vor Jahren,*
> *Als deine Herrin dir zum ersten Male*
> *Vors Auge trat im prachterhellten Saale.*
> *[…]*
> *Vervielfacht war, was sich für sie bewegte:*
> *Verstand und Witz und alle Lebensgeister*
> *Und rascher als die andern jener Meister.*

Und ist das Tor erst einmal aufgestoßen, darf die Seele schwelgen – da hat sie ja, was ihr zu ihrer Kränkung in der schlechten Gegenwart versagt blieb.

Von reifer Saat umwogt, vom Rohr umschlossen,
An manchem Unort, wo ich's mich erfrechte,
Wir waren augenblicklich, unverdrossen
Und wiederholt bedient vom braven Knechte!

Übrigens, ob da vom Meister oder Knecht die Rede ist, der „immer unermüdet", sei es auf dem „Pfühle", sei es auf dem „Teppich", je nachdem in „Lieb und Lustgedränge" seine Rolle spielte, „nie zu früh" und bald „zu neuer Lust" erweckt – so ist das allerdings sehr freimütig bekannt, gewiß, aber immerhin im noblen Ton, und das „gewisse Niveau", das der Dichter zu beachten habe, ist ebenfalls gewahrt. –

Ich erwähne das, um dem Verdacht zuvorzukommen, es wäre diese Offenherzigkeit gewesen, derentwegen Goethe das Gedicht geheimgehalten hätte ...

Das Skandalon

Nein, was das Zeug hat, zu einem wirklichen Skandal zu werden, liegt nicht im Horizont der Seele. Und im Reich der Wünsche, des Begehrens, der Gefühle hat es keine Wirklichkeit. Das Skandalon ist Sache dessen, was in Alt-Europa *Geist* hieß. Und so dürfen wir gewiß sein, daß es etwas anderes gewesen ist als die Unbehaglichkeiten oder Träume einer Seele, was Goethe scheuen mußte, in die „gemischte Welt" hinauszulassen ...

Aber davon Rechenschaft zu geben, fällt nicht mehr ins Ressort der Psychologen. Im strengen Sinne ist es eine philosophische, ich könnte ebensogut sagen: metaphysische, schlichter: eine letzte oder wesentliche Frage, die in der Lage ist, zum Ärgernis zu werden.

Nicht, daß Goethe sie ausdrücklich aufgeworfen hätte – die Dichtung ist kein philosophischer Diskurs –, doch er hat gewagt, sie zu beantworten. Und ich behaupte, in dieser Antwort zeigt sich, was *modern* ist: Der Mensch entkommt der Tiefe, die er fürchtet, und gerät in flaches, seichtes, unbedeutendes Gewässer. Für eine Weile glaubt er sich gerettet – doch das ist eine Täuschung: Man ist nur auf Grund gelaufen, nicht an Land.

Hier zunächst die Frage, die, wenngleich nicht ausgesprochen, in die Mitte des Gedichts gerückt ist und alle Nebensächlichkeiten auf die Seite setzt. Ausgesprochen lautet sie: *Was ist die Ehe?* „Was" – das heißt: Was ist sie *wesentlich?* Was ist ihr Grund und Boden, die Bedingung ihrer Gültigkeit?

Das heißt natürlich auch: Was verbindet und verpflichtet uns zur Treue? Und darum geht es hier, in Goethes „Tagebuch", das von einem – fast perfekten – Ehebruch erzählt.

Und nun die ungeheuerliche Antwort, genauer noch: die Wendung, die Goethe dieser Frage gab: Er gab der Frage selber eine andere und neue Fassung. An die Stelle jener abgrundtiefen, schrecklichen Erkundigung: „Was verpflichtet uns zur Treue?" – rückte er die andere, *moderne*, modellierte, vor allem aber flache Frage: „Was ist es, das uns treu sein läßt?"

Das ist die Frage, die der neue, auf sich selber neugierige Mensch herausbekommen möchte, der „gelebt wird" und – wer weiß, wovon? – „sich leben läßt", der es verschmäht, als Täter in Betracht zukommen, und darum übrigens vor jeglichem Entschluß zurückschreckt. Es ist die Frage des *modernen Menschen,* der nicht mehr weiß, was es bedeutet, bei sich selbst im Wort zu stehen, und statt dessen anfängt, wortreich über das zu reden, was ihm da und dort „passiert", was ihm „widerfahren" oder „wie es ihm ergangen ist" …

Also kurz: Wie lautete die „alte" Frage? Etwa so: Ist die Ehe heilig, Sakrament, gestiftet, eingegangen und insofern bindend unantastbar, eine ausgesprochene und bündig zugesagte, gottgebotene Verpflichtung?

Und Goethe? Sagt weder ja noch nein, sondern fragt sich, ob die Ehe überhaupt als Sakrament und religiös oder ob sie nicht ganz anders, weltlich, gegründet auf die Liebe des Geschlechts gerechtfertigt werden kann. Seine Gegenfrage lautet also:

Ist die Ehe heilig usw., oder ist sie – wenn es gutgeht und solange es denn gehen will – die Wirklichkeit der Leidenschaft und Liebe, Ausdruck der Empfindung, Macht der Libido und des Begehrens?

Kürzer, schärfer: Wer ist der Gott der Ehe? *Christus oder Eros?* Der Durchbohrte oder der Durchbohrende? Und ihr Wesen: heilig oder Trieb?

Und hier nun endlich wörtlich Goethes Antwort und Entscheidung und zugleich die Stelle, die mit rebellisch-oppositioneller Geste die hergebrachte Gültigkeit der Ehe umstößt und sie der andern Macht, dem Eros und dem Liebestriebe, der Leidenschaft und einer inneren Natur zurechnet:

> *Und als ich endlich sie zur Kirche führte,*
> *Gesteh ich's nur, vor Priester und Altare,*
> *Vor deinem Jammerkreuz, blutrünstger Christe,*
> *Verzeih mir's Gott, es regte sich der Iste.*

„Der *Iste*"! Was für ein Einfall und Geniestreich! Der „dieser da"! *Iste:* Demonstrativpronomen von lateinisch *esse*, also deutsch: von *sein!* Ist dieses Sprachspiel noch zu überbieten? Wer ist es also, auf den es letztlich ankommt: *der da* oder *dieser da?* Der da am Holze hängt, der angenagelte und blutig überströmte Leichnam (denn das hieß zu Goethes Zeit „blutrünstig": „blutig verwundet", mit „rinnendem Blut" und „blutig geschlagen"; nicht jedoch, wie später: „blutgierig"!) – also, nach diesem nötigen Exkurs noch einmal: Wer bürgt in letzter, ausschlaggebender Instanz für den Bestand des Ehebundes: Jener blutig Hingerichtete an seinem Jammerkreuz? Oder *der da*, der sich *regt* und der – vom Blute aufgerichtet – „steht"?

Kurz: *Kreuz oder Phallus – das ist hier die Frage.* Und, verzeih's ihm Gott, die Entscheidung Goethes lautet –: Phallus.

Zum ehestiftenden Akt wird statt des feierlichen „Ja" – Ausdruck festen Willens, gründlicher Entscheidung und die Anerkennung einer Forderung und eines Anspruchs – die unwillkürliche und ungewollte Erektion als die somatische Beglaubigung der gegenwärtigen Empfindung.

Der Meister wußte, daß das mehr war, als seinen „braven Deutschen" zugemutet werden durfte … Und warum? Weil sie zu „prüde" waren, wie unser Zeuge Unseld nachsichtig vermutet?

Vielleicht ist es ganz anders, und die „braven Deutschen" waren lediglich zu skeptisch und zu klug, als daß sie glauben mochten, die Ehe ließe sich am erigierten Glied aufhängen …

Doch was abschreckt, ist wohl nur die Deutlichkeit, mit der Goethe hier die Frage nach der Gültigkeit der Ehe in seinem sehr prägnanten Bild entscheidet. Oder wüßte einer unter uns noch etwas anderes als Grundlage der Ehe anzugeben, als eben das, was wir – mit einem schönen, unpräzisen Wort – *die Liebe* nennen?

Das Nachspiel: Dritter Teil des Liebesabenteuers

Aber gut, es ist die Antwort Goethes, und fürs erste und in jener heiklen Lage schien sie brauchbar. So wie die Ehe eingegangen worden war, so scheint sie sich auch jetzt im Bett mit einem andern Mädchen zu bewähren. *Wer* also ist der „Trauten", die zu Hause wartet, „treu"? Der „dieser da", der damals in der Kirche, vor Priester und Altar, für seine Liebste „einstand": „Meister Iste", der sich jetzt verweigert und es offenbar bevorzugt, bei seiner „Herrin" einzukehren. Lob und Ehre sei dem „braven Knechte" – er scheint zu wissen, wo er hingehört!

So weit, so gut? Nein – eben nicht. Denn dem Genie des Fleisches, Meister Iste, der in diesem Falle den verwirrten Kopf vertreten mußte, scheint die Deutung, die ihn ehren sollte, doch nicht zuzusagen ... Kurz und schlimm:

Auf einmal ist er da, und ganz im stillen
Erhebt er sich zu allen seinen Prachten.

Ja, was ist denn nun? Sollte Cupido, der Schelm und Kuppler, sich launisch-übermütig eines anderen besonnen haben? Doch was dann?

Jedenfalls, was eben ruhig – und beruhigt – beieinander lag, gerät erneut in Konfusion. Der „Wanderer",

Er neigt sich hin, er will die Schläferin küssen,
Allein er stockt, er fühlt sich weggerissen.

Dem so wunderbar und unverhofft Erstarkten ist es „nicht geheuer": „Er schaudert weg" und

... leise, leise
Entzieht er sich dem Zauberkreise.

Hält er sich zurück? Nein: Er *fühlt sich* weggerissen. Weiß er, was er tut, besinnt er sich, und unterläßt er's deshalb? Nein: Ihm ist nicht geheuer, und er schaudert weg. Was da vorgeht: *es geschieht* ... Etwas hemmt ihn, und irgend etwas ist im Spiel, das ihn zurückreißt. Aber was?

Und wiederum, zum zweiten Male, ist eine „Deutung" nötig. Und sie wird gefunden:

Die Erregung, die den „braven Knecht" geweckt und „wieder aufgestählet" hat, sei nicht von *diesem* jungen Mädchen ausgegangen, sondern von *jenem* ...

... Bild, das ihm auf ewig teuer,
Mit dem er sich in Jugendlust vermählet.

Sollte ich es nicht dabei belassen? Ist diese Interpretation nicht – einfach *schön*? Und wenn wir schon nicht wissen, ob sie wahr ist – sie ist rührend. Und allen Liebenden geht sie zum Herzen. So wollen und erträumen sie es sich:

> *Da hab ich nun, am sonderbarsten Orte,*
> *Mein treues Herz aufs neue dir verbunden*

– schreibt er seiner Liebsten in das Tagebuch, nachdem er sich dem „Zauberkreis" entzogen hat. Die Liebe hat gesiegt, die Liebste hat ihn wieder! – Und am Ende –

> *Und weil zuletzt bei jeder Dichtungsweise*
> *Moralien uns ernsthaft fördern sollen,*

wird er –

> *Euch gern bekennen, was die Verse wollen:*
> *Wir stolpern wohl auf unsrer Lebensreise,*
> *Und doch vermögen in der Welt, der tollen,*
> *Zwei Hebel viel aufs irdische Getriebe:*
> ***Sehr viel die Pflicht**, unendlich mehr die **Liebe!***

Ende des Gedichtes. Ende der Geschichte.

Zuletzt „Moralien" des Dichters, die „uns ernstlich fördern sollen"

Sind wir nun belehrt, wie es das „erotisch-moralische Gedicht" verspricht? Durch die Botschaft etwa, die Liebe arrangiere schon, was keine Pflicht vermag? Und wenn die Liebe schläft, Meister Iste aber munter ist? – Allgemeine Welt- und Menschenkenntnis sagt mir, daß auch das vorkommt …

Solcher Fragen, die sich zuletzt aufdrängen mögen, hat sich Goethe in einer Art Prolog und Vorbemerkung angenommen:

> *Wir hören's oft und glauben's wohl am Ende:*
> *Das Menschenherz sei ewig unergründlich,*
> *Und wie man auch sich hin und wider wende,*
> *So sei der Christe wie der Heide sündlich.*
> *Das Beste bleibt, wir geben uns die Hände*
> *Und nehmen's mit der Lehre nicht empfindlich;*

Denn zeigt sich auch ein Dämon, uns versuchend,
So waltet was, gerettet ist die Tugend.

Darf ich – mit ungelenker Poesie – die letzte Zeile korrigieren, damit sie dasteht, wie bis dahin, vormodern und auch noch „Schillerisch", entschieden worden ist?

Denn zeigt sich auch ein Dämon, uns versuchend,
So tritt hervor, als Retterin, die Tugend.

Aber: Damit scheint es aus zu sein. Goethe ist *modern*, und die *Tugend* ist zum Epiphänomen geworden und zum Glücksfall: Dem einen wird sie *irgendwie* zuteil, beim andern „waltet's" eben anders …

Wenn sie uns aber, ohne jeglichen Verdienst und ohne unser Zutun, als „Gnade" der Gewalten – vielleicht als Impotenz, als Hemmung, als eine Schwäche oder ein Empfinden, das uns wegreißt – unverhofft geschenkt wird, sind wir dankbar. – Doch wem?

Auch Goethe scheint sich diese Frage schon gestellt zu haben. Die Lösung, die er als „geheimes Wort" – und als einziges kursiv betont – am Ende in das „Tagebuch" notiert, benennt mit unheimlicher Ahnung jenen Ort, in den wir die Moral verflüchtigt haben: in die leidende Empfindung, in das Unvermögen, in die *Krankheit:*

Die Krankheit erst bewähret den Gesunden.

So? Es wird darüber nachzudenken sein.

Quellenverzeichnis

11   Seneca, Epistulae morales 77,17

12   Kant, X, 511 (BA 1234)

13   Hegel, VII, 26

14   Reimer Gronemeyer, Wozu noch Kirche?, Berlin 1995, 92

14   Bloch, GA X, 370

14f   Schopenhauer, IV, 415f

17f   Popper, Objektive Erkenntnis. Ein evolutionärer Entwurf, Hamburg 1973, 45

18   Popper, Wie ich die Philosophie sehe, in: Kurt Salamun (Hg.), Was ist Philosophie, Tübingen 1980, 179

19   Zur Übersetzung von Arete mit „vollendetes Können" siehe: Josef Pieper, Traktat über die Klugheit, München 1949, vor allem 16f und 62f

19   Nietzsche, KSA I, 345

19   Valéry, zit. bei E. E. Geissler, Erziehung zu neuen Tugenden? Ethik und dynamische Gesellschaft, in: Elite. Zukunftsorientierung in der Demokratie, Veröffentlichungen der Walter-Raymond-Stiftung, Bd. 20, Köln 1982, 55

20   La Rochefoucauld, in: Die französischen Moralisten, hg. v. F. Schalk, Bd. I, München 1973, 81 und 55

21   Schopenhauer, Werke in 5 Bänden, ed. Lütkehaus, Zürich 1988, III, 525

21   Norbert Hinske, Welche Eigenschaften braucht der Mensch? Überlegungen zur Tugendethik, in: Forschung & Lehre 7/98, 348–350

21f   Hermann Lübbe, Tugend tut not, in: ZEIT vom 10.9.1993, 44

22   SPIEGEL vom 4.3.1996 (Hart im Sinkflug. Über den Zwang zu Werten in der Gesellschaft)

24   Hans Kudszus, Jaworte, Neinworte, Frankfurt/Main 1970, 15

24   La Rochefoucauld, a.a.O., 49

25   vgl. Max Scheler, Der Mensch im Weltalter des Ausgleichs, in: drs., Philosophische Weltanschauung, Bern 1954

26   Denis Diderot, Jacques der Fatalist und sein Herr, Berlin 1979 (Das erzählerische Werk) Bd. III, 68

26   Denis Diderot, Rameaus Neffe, in: Erzählungen und Gespräche, Leipzig 1953, 216

29f   Nietzsche, Also sprach Zarathustra, Zarathustras Vorrede (5)

30f   Peter Sloterdijk, Weltfremdheit, Frankfurt/Main 1993, 38

32   Aristoteles, Nikomachische Ethik, II, 1106 b

32   Nietzsche, KSA I, 208

33   Kierkegaard, Eine literarische Anzeige, GW, hg. v. E. Hirsch, Abtl. 17, Gütersloh 1983, 72

33f   Ebd. 82f

37   „Existentialneid": vgl. dazu Max Scheler, „Das Ressentiment im Aufbau der Moralen", in: GW Bd. 3, Bern 1955, 44 f

38   Hugo Ball, Byzantinisches Christentum, Frankfurt/Main 1979, 49

40   Wilhelm Busch, Schein und Sein, VI, 183

40   Ebd. 239

41   A. Gehlen, Anthropologische Forschung, Reinbek 1961, 59f

44   Friedrich Nietzsche, Menschliches, Allzumenschliches, Nr. 83

45   Peter Sloterdijk, Gespräch mit Hans-Jürgen Heinrichs, „Kantilenen der Zeit", in: Lettre International 36 (1997), 74

45   Adorno, Wozu noch Philosophie?, in: drs., Gesammelte Schriften, Bd. 10/2, Frankfurt/Main 1997, 459

46   R. Spaemann, Kritik der politischen Utopie, Stuttgart 1977, 18

47   Schopenhauer, V, 62

47   H. Blumenberg, Die Frage, an der Plato starb, in FAZ vom 4.4.1996, 33

48   Schopenhauer, Brief an Goethe, 11. November 1815

51   Goethe: Gespräche Bd. 6, 173, Gespräch vom 23. August 1827, Nr. 1113

53   Gespräch mit Friedrich Wilhelm Riemer am 26. April 1810, Gespräche Bd. 2, 308, Nr. 464

54   Nietzsche, ed. Schlechta, II, 352

59   *Literaturangaben:*
      Zur Lektüre empfehle ich: Wolfgang Wieland, Platon und die Formen des Wissens, Göttingen 1982; Ekkehard Martens, Die Sache des Sokrates, Stuttgart 1992

64   Cicero, Ad Atticum 13,22,4

64   Marquard, Apologie des Zufälligen, Stuttgart 1986, 127

66   Aristoteles, Eudemische Ethik, I, 5

66   P. Feyerabend, Wider den Methodenzwang, Frankf.t/Main 1978, 38

66   Hans Kudszus, Ja-Worte, Nein-Worte, a.a.O., 42

66f   Xenophon, Erinnerungen, IV, 4 (die wörtlichen Zitate aus der Übersetzung von E. Martens, die dieser in „Die Sache des Sokrates", a.a.O., 135 gibt.)

72   Wittgenstein, Philosophische Untersuchungen, WA I, 302

73   Kant, Anthropologie in pragmatischer Hinsicht, A 249

73   Novalis, ed. Kluckhohn/Samuel, III, 403

75f   Siehe Gerd B. Achenbach, Von Lebenskunst und Lebenskünstlern, FAZ vom 3.1.1987, und: Lebenskunst. Sieben Annäherungen an ein vergessenes Wissen, in: Weisheit, hg. v. Alaida Assmann, München 1991, 231ff

75   W. Schmid, Schönes Leben? Frankfurt/Main 2000; zur Geschichte des Karriere-Begriffs Lebenskunst hier noch die kurze Notiz: Sehr wirksam wurden die

(sehr seriösen) Veröffentlichungen des Franzosen Pierre Hadot, deren Lektüre ich empfehle. Sie geben einen hervorragenden Einblick, was *historisch*, zumal in der griechischen und römischen Antike, philosophisch „Lebenskunst" meinte. Die andere Quelle, aus der sich die Wiederbelebung des Interesses an der Lebenskunst speiste, war zweifellos die große, mehrbändige Arbeit Michel Foucaults „Sexualität und Wahrheit".

75 Nicolás Gómez Dávila, Auf verlorenem Posten, Wien 1992, 259

80 E. Jünger, Zahlen und Götter, 95f

81 „Es muß in allem, was ein lebhaftes, erschütterndes Lachen erregen soll, etwas Widersinniges sein (woran also der Verstand an sich kein Wohlgefallen finden kann). Das Lachen ist ein Affect aus der plötzlichen Verwandlung einer gespannten Erwartung in nichts." Kritik der Urteilskraft, § 54 Anmerkung (A 223)

81 Franz Kamphaus, FAZ vom 24.12.1994 („Ohne den Himmel …")

81 Walter Benjamin, Goethes Wahlverwandtschaften, in: drs., Illuminationen, Ausgewählte Schriften, Frankfurt/Main 1980, 135 („Nur um der Hoffnungslosen …")

81 Aphorismus von Jerzy Lec („Der Mensch ist …")

81 Adorno/Horkheimer, Dialektik der Aufklärung, in: Adorno, Gesammelte Schriften, III, Frankfurt/Main 1997, 163 („Das Kollektiv der …")

81 Gabriel Marcel, Sein und Haben, Paderborn 1954, 102 („Einen Menschen lieben …")

82 W. Busch, a.a.O., aus „Zu guter Letzt"

83f Hegel, TA I, 25 und 21

85 Nicolás Gómez Dávila, Auf verlorenem Posten, Wien 1992, 36

86 Hegel, Jenaer Realphilosophie II, 121a (= Hegel, Gesammelte Werke, Bd. 8 Düsseldorf 1976, 279)

90 W. Benjamin, Der Erzähler, in: drs., Illuminationen, a.a.O., 388

90 Ebd. 391

96 Kant, Logik von 1800, A 24

98 Kant, Anthropologie in pragmatischer Hinsicht, AB 123

99 Heine, Reisebilder, Teil III, Italien (1828), II. Die Bäder von Lucca, Kapitel VII

126 La Rochefoucauld, in: Franz. Moralisten I, a.a.O., 83

126 Goethe, Briefe I, HA, 325

126 Simmel, Exkurs über den platonischen und den modernen Eros, in: drs., Schriften zur Philosophie und Soziologie der Geschlechter, Frankfurt/Main 1985, 252

129 Konfuzius, zit. bei Jaspers, Die maßgeblichen Menschen, München 1980, 151

133 Spinoza, Opera / Werke, II, Darmstadt 1980, 230f

134f Kant, Kritik der praktischen Vernunft, Beschluß

136f Goethe, Gespräche mit Eckermann, Frankfurt/Main 1969, 136

137 Nietzsche: Schopenhauer als Erzieher, KSA I, 340f

138 Jaspers, „Die maßgebenden Menschen", a.a.O., 144f

138 Konfuzius, aus den „Gesprächen"

140 Kierkegaard, Über den Begriff der Ironie, Frankfurt/Main 1976, 13

141 „How to Win Friends and …" Erfolgsbuch von Dale Carnegie

142f Gracián, Handorakel, Stuttgart 1978, Nr. 5

143 FAZ vom 25.7.1996, „Ein Experiment ist zu Ende"

143 Bloch, GA X, 355

146 Vgl. Niklas Luhmann, Sinn als Grundbegriff der Soziologie, in: Habermas/
     Luhmann, Theorie der Gesellschaft oder Sozialtechnologie, Frankfurt/Main
     1971, 62f

146 Seneca, Epistulae morales 8,3

146 Chamfort, Die französischen Moralisten I, a.a.O.

152 Sloterdijk, Regeln für den Menschenpark, ZEIT vom 16.09.1999

152 Jean Paul, Vorschule der Ästhetik, Werke, 1. Abt. Bd. 5, 406

153 Seneca, Epistulae morales 77,20

158 Gadamer, Lob der Theorie, in: Versuche über die Einsamkeit, hg. v. H. Brall,
     192

158 Montaigne, Essais, hg. v. H. Lüthy, Zürich 1953, 270

158 Nietzsche, Musarion-Ausgabe Bd. 14, 350

160 André Comte-Sponville, Ermutigung zum unzeitgemäßen Leben, Reinbek
     1996, 65

160 Alain, Die Pflicht, glücklich zu sein, Frankfurt/Main 1979, 189

160 H. Hesse, Lektüre für Minuten, Frankfurt/Main 1971, 48

161 N. Machiavelli, Der Fürst, in: Politische Schriften, hg. v. H. Münkler, Frank-
     furt/Main 1990, 94f

163 Freud, Gesammelte Werke, XIV, 5. Aufl. 1972, 383

163 Aus der Rede, die Ludwig Börne am 2.12.1825 auf den Tod Jean Pauls hielt.

163 Kant, Die Religion innerhalb der Grenzen der bloßen Vernunft, 810/1642

164 Goethe, Maximen und Reflexionen, BA Bd. 18, 603

166 La Rochefoucauld, innerhalb „Französische Moralisten I", a.a.O., 49

166 Nietzsche, Also sprach Zarathustra, Vorrede, a.a.O.

166 Nicolás Gómez Dávila, Auf verlorenem Posten, a.a.O., 32

166 Seneca, Epistulae morales, 102,23

167ff Goethe, „Das Tagebuch", zit. nach: „Das Tagebuch" Goethes und Rilkes „Sieben
     Gedichte", hg. u. erläutert v. S. Unseld, Frankfurt/Main 1978; vgl. K. O. Con-
     rady, Goethe. Leben und Werk, Frankfurt/Main 1987, II, 360f

Innehalten

HERDER spektrum

Karlheinz A. Geißler
Zeit – verweile doch...
Lebensformen gegen die Hast
Band 4875

Der bedeutende Zeitforscher plädiert für Lebensformen, die der Alltagshast entgegengesetzt sind. „Das Buch für ein menschlicheres Zeitverständnis" (SZ).

Karlheinz A. Geißler
Es muss in diesem Leben mehr als Eile geben
Band 5045

Ein spannendes Buch vom Hasten und Rasten. Das Fazit von „Europas bekanntestem Zeitforscher" (PM).

Pierre Stutz
Ein Stück Himmel im Alltag
Sieben Schritte zu mehr Lebendigkeit
Band 5036

Mit konkreten spirituellen Übungen zeigt der bekannte Autor, wie wir die Quellen der eigenen Lebendigkeit wieder entdecken können.

Pierre Stutz
Meditationen zum Gelassenwerden
Band 4975

Pierre Stutz zeigt, wie aus dem meditativen Innehalten innere Ruhe im Alltag wird. Konkrete Übungen und Rituale.

Anselm Grün
Vergiss das Beste nicht
Inspiration für jeden Tag
Band 4864

Jeder Tag ist Lebenszeit, in der wir dem Glück begegnen und Lebensfreude finden können. 365 Anregungen, die der Seele gut tun.

Anselm Grün
Das kleine Buch vom wahren Glück
Band 7007

Dies kleine Buch ist gut für alle Lebenslagen – ganz besonders, wenn der Alltag einmal grau oder allzu turbulent zu werden droht.

HERDER spektrum